心德筆記

旅德必攜祕笈

林文心／圖文・攝影

目錄

Part 1

旅德專用心「德」筆記

Part 2

國王湖裡沒有國王

Part 3

豬腳加酸菜

Part 4

啤酒花與麥芽

推薦序

《百吻巴黎》作者　楊雅晴

好可愛的一本書。

書裡頭一篇一篇的留學心事與城市小探險，讓同樣曾經留學過的我，看得好有感覺啊。

文心率真地寫下她抵達德國那天，一過入境大門便落下眼淚。這樣的心情讓我很有共鳴，飛了一萬公里來到夢想之地，卻在踏出第一步的時候，意識到眼前等待著自己的，不只是憧憬已久的生活，還有各種考驗。那一刻才明白，夢想在現實裡是有重量的，要提得起，就得有力量。

大家對留學的想像，往往是美麗的景色、迷人的風情、好玩的人事物，再加上身處異鄉的漂泊浪漫，卻忘了在這些美好背後，必然同時存在著不為人知的艱難。在陌生的國家使用陌生的語言，就連最簡單的事都變得困難重重，尤其遇上挫折時不知該找誰求助，生病時沒人照顧……那種無依無親的孤獨感，也是留學生活無法迴避的真實面向。

留學有美好也有鍛鍊，其中最甜蜜的果實，是穿過一個又一個難關之後，知道原來自己可以做到那麼多，原來自己的力量比想像中大。這份成就感難以言喻，而且是無價的。

《心「德」筆記》中的文心初到德國時，還是個忍不住落淚、渴望依靠的小孩，透過每天一點一滴累積起來的勇氣，認真生活、勤奮學習，漸漸在人生地不熟的異鄉有了扎實的日子，直到離開時，她已是一個豐收的旅人。

很感謝文心如實地記錄這一年，而且是用這麼繽紛又細膩的方式，讓我們可以跟著她的眼睛、她的筆、她的體會，看見茲茲堡與德國人可愛輕巧的一面。

作者序

忙著做夢，忙著出發

林文心

我有一個夢。

小時候，我的夢想是當城堡裡的公主，想當然爾，我很快就發現這真的只是「做夢」。但不可思議的是，我的美夢雖然未能完全成真，我卻的的確確生活在一個到處是城堡的城市，而且常常有宛如公主的錯覺，尤其此刻追憶在德國烏茲堡的時光，那些不如意的挫折全自動過篩，只留下童話般的甜與蜜。

《心「德」筆記》這本旅德必攜祕笈，是我（文心）在德國旅遊、生活的心得筆記。二〇一五年我到德國烏茲堡大學德文系交換一年，一開始只因為我太喜歡城堡了！決定把每一座城堡畫下來，便在Facebook成立粉絲專頁「茲茲堡小日子 Windy in Würzburg」，單純想藉著Facebook平臺「畫遍」德國的城堡。但在一次次

旅行中，我發現旅行之所以迷人，不只是絕美的景點，更吸引人的是背後的故事，比方我到了國王湖，我關注的不再只是如仙境般的國王湖，而是國王湖的國王到底是誰，所以我除了畫下、寫下美麗勝景，也記錄它迷人的傳奇，不知不覺就累積了一百多篇文章，集結成現在這本書。

和導覽性旅遊書不同的是，讀者必須忍耐我的「偏執」，它也許有點主觀，常常發出「不負責任評價」，在這個網路發達的時代，我輩（就是時下年輕人啦）大概不太買旅遊書，因為所有太「客觀」的評論，都可以輕易被找到，因此，我寫google不到的旅遊心得，找尋景點背後的故事，希望喜歡這本書的讀者，不只是把它當工具書，也能認識這個地方的故事和文化。

旅行，有時是很弔詭的一件事，當你千里迢迢來到你夢想之地的瞬間，會發現它反而變得更遠了。我在踏上德國領土的那一刻，淹沒在陌生的面孔中，獨自提著重重的行李，立馬有想原機返鄉的衝動，幸好順利辦妥大小手續，安頓下來後，又認識了不少新朋友，才能自在從容走進傳說中的浪漫大道，幸福地穿梭在各個城堡，開始喜歡在橋邊與雕像和三五好友野餐、晴天的時候到山上的城堡眺望城市的風景、下雪的晚上在聖誕市集喝熱紅酒。

在德國的一年，其實不算太長，我也不是個專業的旅人，不特別挑選最熱門的地方去，不喜歡點「必吃」美食，迷路的時候看不懂地圖（問路倒是讓我的德文進步不少），我僅用簡單的二十四色鉛筆，描繪我看到的美好，再用課後零碎的時間寫文章，所以出版這本書對我來說，像得到一份神祕禮物般的驚喜，有一點「無心插柳」的意外，也有一點「耕耘後收穫」的必然，這樣的喜悅很「剛好」，可以支持我繼續「忙著做夢，忙著出發」，也希望我的讀者讀完之後，起身出發，發現這個世界的美好。

我相信，世界就是一座夢工廠，我們出發，美夢就會成真。

PART 1
旅德專用心「德」筆記

得心應手遊德國

出發前一步，
一定要知道的旅遊資訊

歐洲杯足球賽期間，愛國的德國人用商品來支持他們的球隊

一趟旅行之前總要做很多準備，以下列舉出幾項重要旅遊資訊，讓你準備出國不再焦慮，得心應手遊德國！

簽證

德國為申根會員國之一，在德國短期的觀光或商務旅遊是免簽的，欲在德國待超過三個月，則須申請簽證，申請簽證的方式可以參考「德國在臺協會」網站（m.taipei.diplo.de），不過，特別注意：暑假為出國旺季，簽證時間一定要及早預約。

長期簽證請詳見：德國在臺協會官網→簽證資訊→長期簽證資訊。

機票

目前僅華航提供桃園直飛德國法蘭克福的班機，其他航班都是透過轉機的方式抵達德國，機票當然是越早訂購越能享有優惠，推薦使用機票比價網站 skyscanner（skyscanner.com.tw）訂購，簡單的操作方式與一目了然的價格、時間資訊，可以輕鬆訂購划算的機票，購買來回票通常會比較優惠，若行程確定了，可以考慮直接買來回票。

法蘭克福機場交通

法蘭克福機場分為第一航廈（Terminal 1）及第二航廈（Terminal 2），前往不同的航廈可選擇搭乘接駁車或輕鐵，機場的火車站皆與第一航廈連通，若欲前往別的城市可至長途火車站 Fernbahnhof 搭乘火車、前往法蘭克福市區或周邊小城則前往 Regionalbahnhof 站搭乘區間車，個人認為法蘭克福機場的指標還算清楚，跟著指標及人群走就對了；機場詳情可參考官網（www.frankfurtairport.de）。

住宿及交通

搞定住宿及交通一定是旅行最重要的事情，要怎麼在網路上訂購火車或巴士的票券、預約旅館住宿可以參考第 16 頁〈旅德必備懶人包：遊德必載 APP 及實用網站大公開〉這一章節，不過，想與來自世界各地的背包客成為朋友，青年旅舍就是你最好的選擇，想當當看中古世紀的國王皇后（同時又有充足的預算），那就不能錯過古堡酒店了。

時間與溫度

德國分為冬令及夏令時間，三月底至十月底為夏令時間，比臺灣慢六小時，日照時間極長，夏天經常是五點日出，十點日落，冬令時間則慢臺灣七小時，八點才日出，四點就日落。德國四季分明，夏季溫度多為攝氏十幾二十度，偶有三十度高溫（因地區而異），九月初開始轉涼，冬季約為零度左右，室內幾乎都備有暖氣，多設定為二十幾度。

食物及水

麵包、肉食、馬鈴薯、沙拉是德國最常見的食物，午餐多為

青年旅舍：jugendherberge.de
古堡酒店：germancastles.com

熱食，早餐及晚餐則常為冷食，與歐洲許多國家相同，德國水龍頭的水可直接飲用，部分區域水質為硬水，亦可直接飲用，不過不是很甘甜順口，可以使用濾水器或濾水壺改善水的口感。

電壓

德國電壓為兩百二十伏特，插座為圓形中間兩孔的「豬鼻」形狀，到德國去別忘了攜帶轉接插頭，變壓器則是攜帶特殊電器才需要（行動電話及筆記型電腦使用轉接插頭即可）。

貨幣

德國使用的是歐洲通用的歐元，目前匯率約為一歐元對三十五元臺幣，到德國前可事先兌換一些歐元，另外，信用卡在德國也很通行，建議帶張信用卡，購買火車票也很方便。

電話

臺灣打去德國：國際接線碼（009或002等，手機可以「＋」代替）＋德國國碼（49）＋地區區域碼＋電話號碼。

德國打回臺灣：00＋886＋地區區域碼＋電話號碼。

以上區域碼皆須去掉零。

緊急事故聯繫

聯絡警察專線為110，消防隊為112。

行李

收行李是一門大學問！其實德國的日用品很好買，也還算平價，冬天前往德國甚至可以在當地購買到划算又保暖的羽絨衣，這裡和大家分享一些個人整理行李的小小心得。

一定要帶：轉接插頭、護照、現金和「這本書」。

建議攜帶：可以裝很多紀念品又耐摔的行李箱、信用卡、文具（德國文具選擇較少且價格較貴、要長期居住可以帶一些文具）、備用手機（長期旅居可以考慮，我有在德國摔壞手機的慘痛經驗！）、發熱衣（德國很難買到，不過真的很怕冷再考慮帶去）、一些拿來思鄉的小零食。

可以不用攜帶：電鍋（對電鍋的品質及功能沒有很挑剔的話，其實德國也有出產簡單電鍋）、暖暖包（冬天的室內暖氣太溫暖，除了去爬山好像沒有出場的機會）、一堆調味料與食材（很多食材亞洲超市買得到，當然也可以攜帶一些自己習慣的調味料，這裡是想強調不用帶太多，德國亞洲超市賣的東西比你想像得多）。

做好以上這些準備，就出發前往德國吧！

法蘭克福機場車站，我的德國生活的起點

德國火車的使用說明書

省錢的火車遊德祕笈

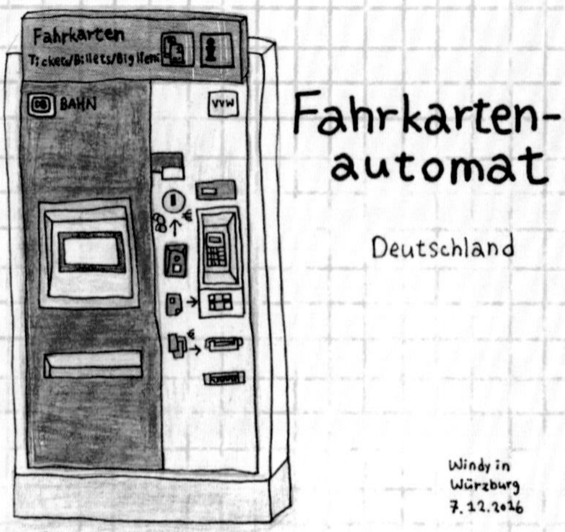

德國鐵路售票機器

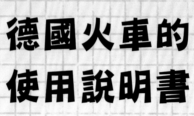

在德國的一年，搭過各種交通工具之後，還是最喜歡搭火車了，免去搭飛機安檢的麻煩，也不會像搭巴士搭到屁股爛掉都還沒到，在車站內買了土耳其烤餅或亞洲炒麵餐盒順手帶上車，提著行李喀拉喀拉走過月臺階梯，和鴿子及人群一起站在月臺等車，與車上素昧平生的乘客莫名聊了起來，搭火車，儼然成為我旅行中最重要的回憶之一，以下，就讓我來介紹幾個在德國省錢搭車的方法。

早訂的乘客有優惠價—網路訂票

德國火車票不算便宜，不過事先上網購買，往往可以買到很優惠的價格，例如烏茲堡到法蘭克福的ICE（德國高鐵，我最喜歡搭的火車車種，空間寬敞坐起來很舒服，又比區間車快很多），原價三十五歐元（臺幣一千兩百元左右），提前在網路上可以訂到約莫二十歐元（臺幣七百元左右）的票，是不是差很多？若想購買坐票則需另外加價，不過，若不是太長的車程，不訂坐票是沒問題的，就我一年搭火車的經驗下來，每次都是有位子的，德國鐵路線上訂票採信用卡付款，付款後會收到電子車票，下載德鐵的APP（DB Navigator，亦有英文可以選擇），能顯示電子車票，查票時只要出示手機上的車票和有照片的官方證件就可以了，非常方便。

（註：也有部分車票現場購買與網路價格相同，例如VNR系統）

搭火車也可以耍特權—打折的火車卡

德鐵推出的Bahncard 50和25兩種火車卡，顧名思義持卡可以打五折與七五折，使用期限從三個月到一年都有，我買過三個月的火車卡25，學生價只要十九歐元（德鐵也會不時推出其

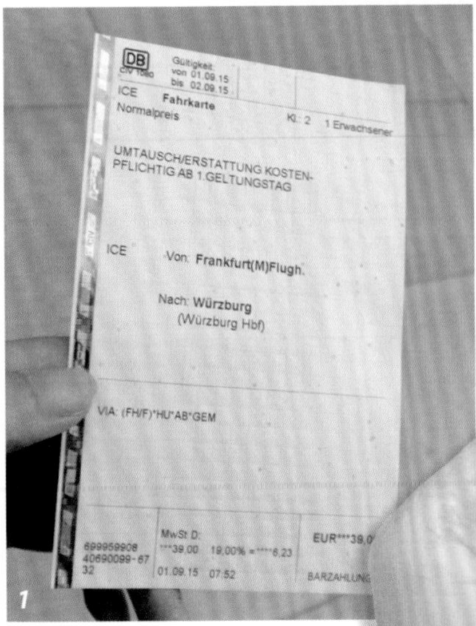

1

2

1 紙本火車票就是長這個樣子
2 七五折火車卡，省錢好幫手

他種類的火車卡優惠，來德國旅行前可以密切關注網站），隨便一趟長途旅行就值回票價了，上網購買車票時，勾選有火車卡的選項，可以買到優惠價格又再打折的車票，查票時同時出示火車卡和身份證件即可。

一起出去玩吧－邦票及週末票

德鐵推出的邦票及週末票，完全是鼓勵大家週末揪團出去玩，邦票一張大約二十三歐元，加一人多五歐元（最多五人同行），也就是說和三五好友出遊，一個人不到十歐元就可以在邦內玩透透，真是太划算了，如果要跨邦的話，則可以購買貴一點點的週末票（當然，只有週末能使用），這些車票都可以上網訂購或直接去德鐵購票處、火車站售票機購買，每個人在車票上簽名即可，不能搭配火車卡使用，不過，優惠之餘當然有些限制，火車只能搭乘慢車車種、查票時車票上的這些人都須在場、使用的時間也需要特別注意（假日的使用時間比較長，規劃行程時記得要先查好）。

通勤族的省錢小撇步－週票與月票

要連續往返兩地時，週票與月票絕對是你最好的選擇，我曾通勤在法蘭克福的展場擔任翻譯，龐大的交通費完全折抵了我的薪水，苦惱之餘，決定向德鐵購票處尋求協助，我把我往返的地點與天數告訴櫃檯人員，櫃檯人員推薦我可以選擇週票，不限車種與時間搭乘（可以搭ICE），真的非常划算，規劃交通行程遇到什麼困難時，直接問就對了！人生地不熟，在網路上查了好久都沒有結果，可以直接詢問相關人員，講清楚說明白，他們都非常樂意提供你交通資訊，有幾次在櫃檯購買車票，櫃

1 火車站
2 德鐵特別設計的兒童車廂，拍完照片後，一群「大人」入座

檯人員甚至幫我列印了時刻及月臺對照表，非常貼心。

留德期間，遇到過一次火車故障、見識過五次喝得爛醉的乘客，還有無數次的火車誤點，以及無數次與陌生人的閒聊，甚至好幾次的旅行行程是坐在對面的陌生人推薦的；我一直都把搭乘交通工具視為認識國家文化的方式，搭乘火車，我遇見了沒那麼準時的德國人、沒那麼拘謹的德國人、沒那麼守規矩的德國人，也認識了更多非常熱情友善的德國人。

心「德」筆記

1. 德國和許多歐洲國家一樣，進月臺不查票，德鐵人員會到各個車廂查票，尤其 ICE 幾乎都會查票，千萬不可以貪小便宜不買票，補票罰金可是貴得嚇人。
2. 德國很多東西及會員是會自動續約的，像是火車卡，記得在解約的期限前主動提出解約，期限一過，你會再收到一張新卡以及帳單。在購買火車卡時，我直接向櫃檯說不會續約，當場解約省去之後的麻煩。
3. 德國火車種類：ICE 是城際超高速火車，顧名思義非常快速的火車，往來德國主要城市，我都稱它為「德國高鐵」；IC 是再降一級的快車；EC 是跨國長途火車；RE 區域快車與 RB 區域火車，皆為區間車的概念；S-Bahn 是近郊列車，往返大城市與近郊小城的火車。

旅德必備懶人包

遊德必載 APP &實用網站大公開

在德國，即時資訊如交通、氣象、活動等，使用電腦或手機網路搜尋是最方便的，依據我一年的德國居住、旅遊經驗，整理出收錄在本章的好用手機應用程式及網站的懶人包，有了這些資訊及網站的參考，讓你的德國之行愉快又不出錯！（以下提到的德文中譯旁會標示藍線）

必載 APP

FlixBus
下載網址
ios 系統

android 系統

實用指數
★★★★

不負責任評價

針對搭乘長途巴士的 APP，可以線上購票、出示電子車票，最重要的是查詢巴士是否誤點。

使用說明：

1 ios 下載介面。

2 點選左下角「Buchung 訂購」，可以立即訂購車票，記得輸入 Erwachsener 成人、Kinder 兒童、Fahrräder 單車的數量。

3 點選下排第二項「Meine Tickets 我的車票」，可以進入車票頁面，依指示輸入訂票資訊，電子車票就會顯示，出門在外再也不用怕忘記帶車票了。

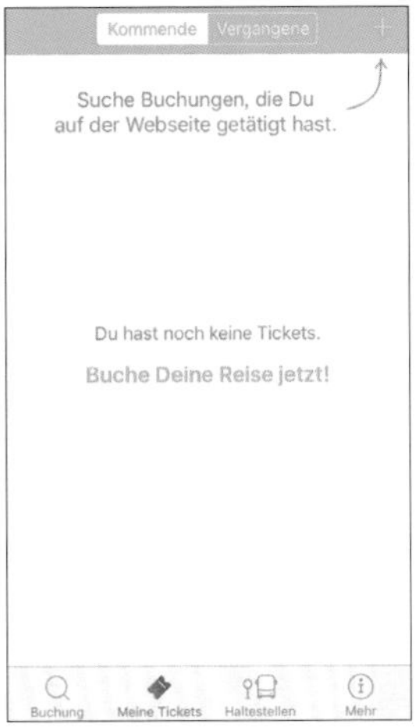

4 點選下排第三項「Haltestellen 車站」，可以查詢各車站的車次資訊，亦可查詢是否誤點，選項中的 Abfahrten 為出發、Ankünfte 為抵達。

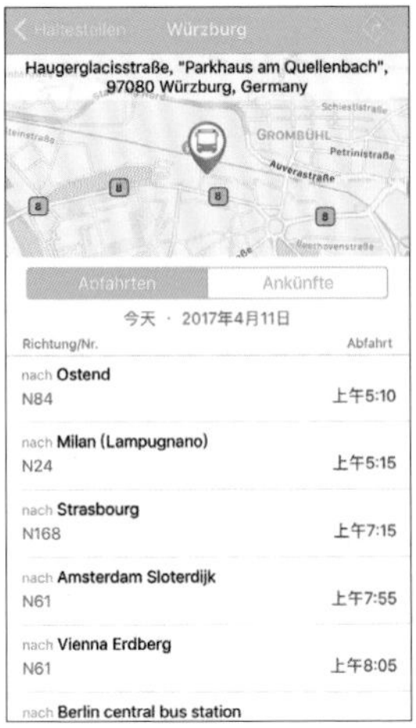

實用指數

☆☆☆☆☆☆

（嚴格如我，給了爆表的六顆星！）

不負責任評價

必須下載！查火車、找公車甚至電車都難不倒它，要用走的嗎？沒問題它也幫你規劃好了！時間也算得剛剛好，德國地方交通準確度更勝谷歌大神，亦有線上購票、出示電子車票的功能，不會德文也沒關係，還能轉成英文版喔！

DB Navigator

下載網址

ios 系統

android 系統

使用說明：

1 ios 下載介面。

2 進入頁面後滑動右方欄位，有許多可以設定和查詢的選項，點選「Mein Navigator 我的導航」可設定應用程式與調整語言。

3 進入 Mein Navigator 我的導航後，點選下方「Sprachauswahl 語言選擇」中最右邊的 Englisch 英文，可以將應用程式轉換成英文。

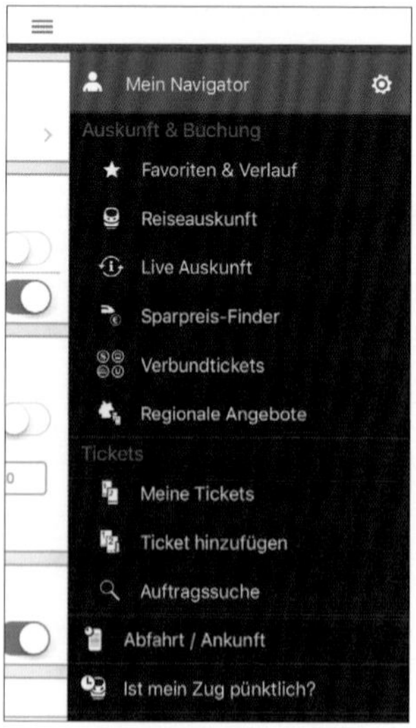

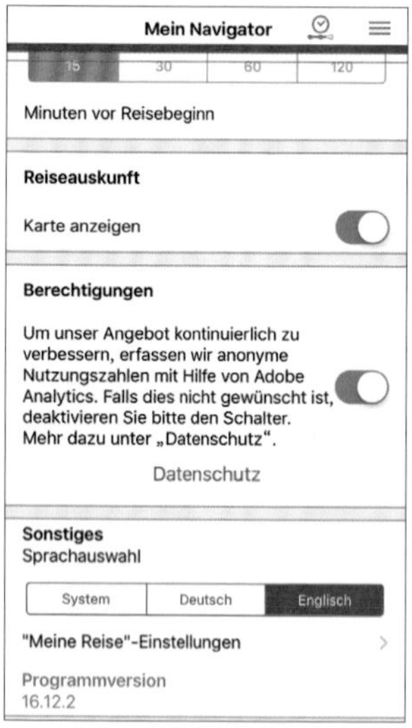

4
滑動右方欄位，點選「Reiseauskunft 旅遊資訊」，可搜尋地方交通方式與訂購車票。

5
如圖，可查詢火車站到城市某地的交通方式，亦可以選取自己想要的日期和出發時間。

6
應用程式會顯示推薦的交通方式，有十分詳細的轉車、步行資訊及預估時間，我使用一年的經驗，預估時間幾乎沒有誤差。

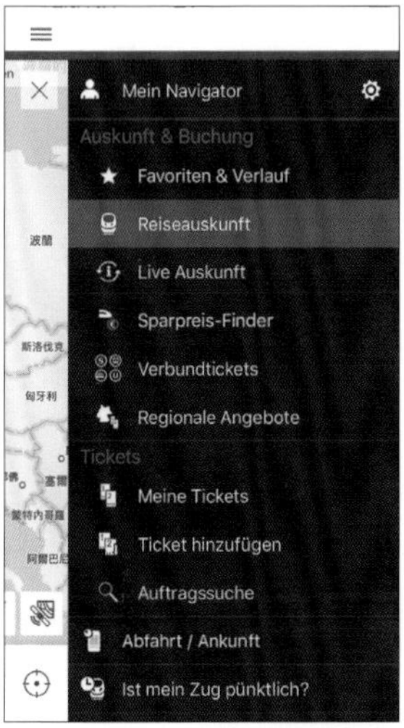

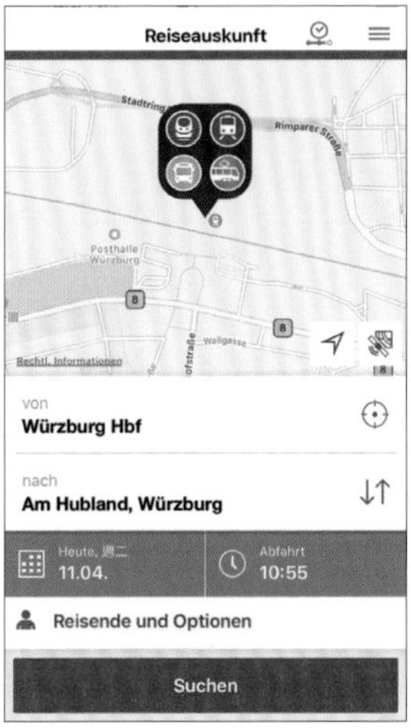

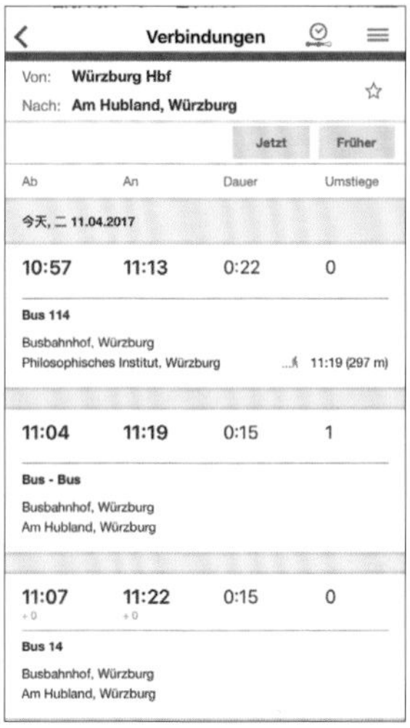

7
若你想從A城市出發至B城市，亦可使用此應用程式查詢火車車次及票價，還能線上訂票，介面也會顯示火車有無誤點、停靠車站等資訊。

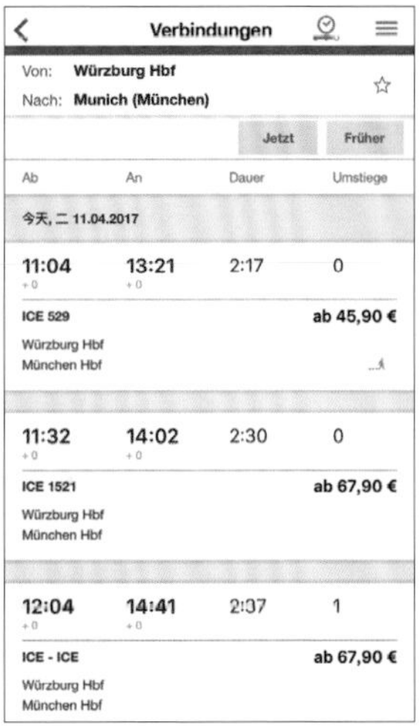

8
滑動右方欄位，點選「Meine Tickets 我的車票」，可以進入車票頁面，登入應用程式，電子車票就會顯示，出門在外再也不用怕忘記帶車票了。

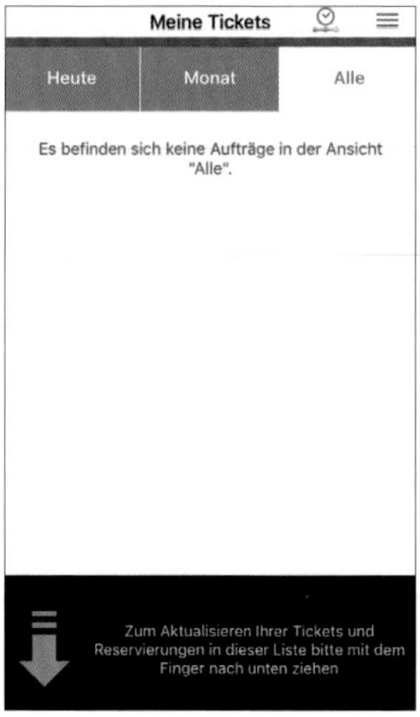

LEO

下載網址

ios 系統

android 系統

就是一本有老虎頭像的德語字典，不要用翻譯時常掉漆的谷歌啦！試試這個。

使用說明：

1 ios 下載介面。

2 點選主頁面旁的「Sprachen 語言」，可以選擇要翻譯成哪種語言。

3 點選「Chinesisch 中文」，可以中翻德、德翻中，輸入中文或德文皆可翻譯。

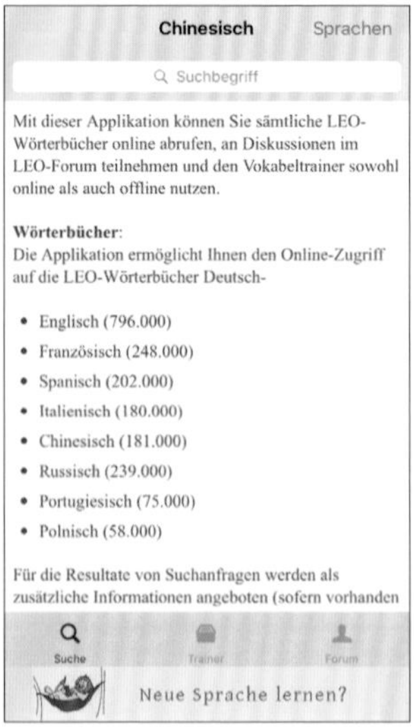

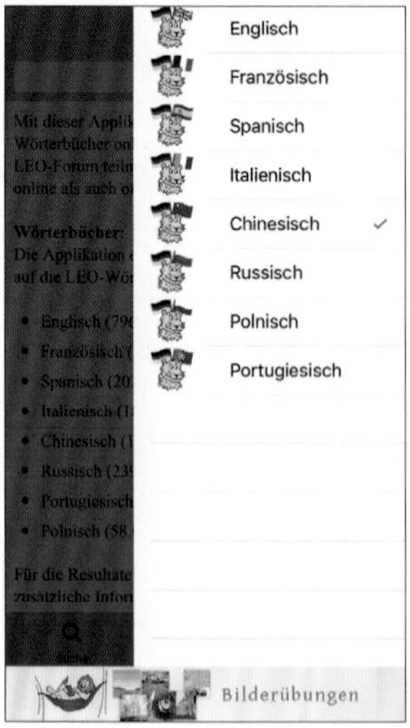

實用指數

☆☆☆☆

不負責任評價

絕對是你旅德的好助手，使用相機取詞功能，一秒看懂菜單。

德語助手

下載網址

ios 系統

android 系統

使用說明：

1 介面有中文請大家放心使用，除了查詢單字外，亦可查詢動詞變化或片語，相當方便。

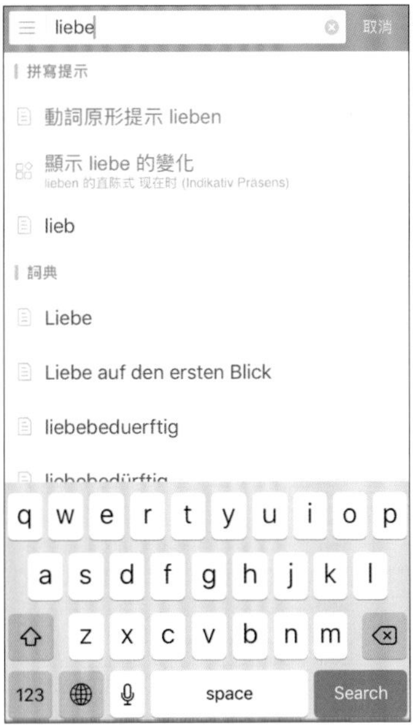

2 最棒的是相機取詞功能，到德國玩不用擔心看不懂菜單或旅遊告示了。

Google 翻譯

下載網址

ios 系統

android 系統

實用指數 ☆☆☆

不負責任評價

前面說了谷歌的壞話，但沒網路時，先下載好中文與德文翻譯文件就能使用，不盡正確也還算堪用啦！

使用說明：

1 簡單介面可以輕鬆查單字或句子，亦提供圖片讀取及錄音的翻譯功能（不過錯誤不少）。

2 點選語言就能進行下載，出門在外沒網路也有谷歌罩！

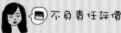

實用網站

Deutsche Bahn 德國鐵路

網址

www.deutschebahn.com/en/start

網址 QR Code

實用指數 ★★★★

不負責任評價

個人比較喜歡手機版可以查詢地方交通的功能，不過德鐵網路訂票系統其實也很方便，上網訂票亦可享有優惠價，還能訂購跨國火車票，到部分地區也有德鐵巴士車票，最重要的是可以設定轉車地點及時間，方便的個人化服務，在德國搭火車一定要學會怎麼使用。

使用說明：

1 進入主畫面，點選上方的English，也可以轉換成德文。

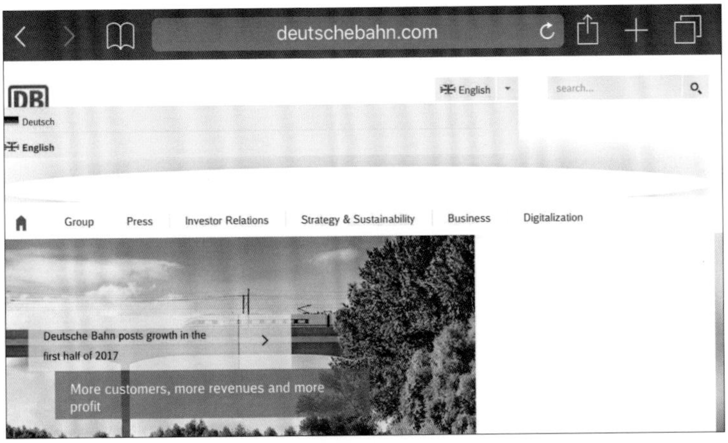

2 輸入起點、終點、日期、時間，尋找火車車次。

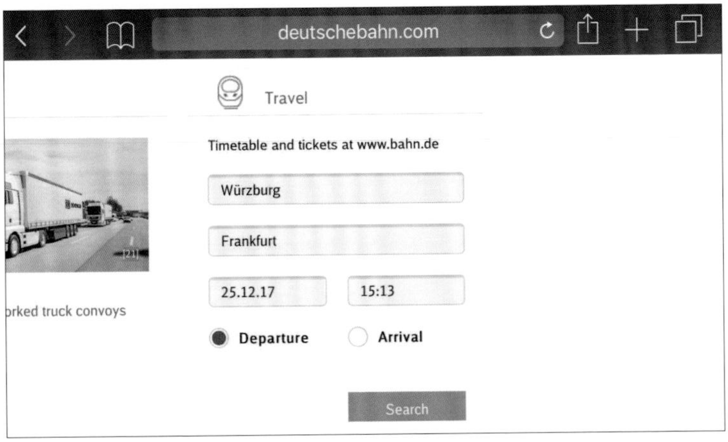

3 若持有火車卡、具有特殊身分（例如孩童等等），記得在這裡就選好。

4 顯示的車次有時間、換車等資訊，亦有優惠及一般價格（上網買是不是優惠許多啊）。

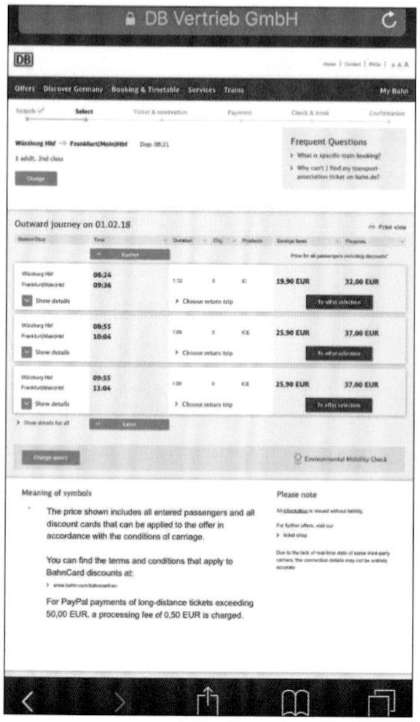

5 選擇車次後，可繼續選擇一等或二等車廂座位。

6 然後進入了Bahncard火車卡推銷頁面，該不該購買火車卡請參考第12頁〈德國火車的使用說明書：省錢的火車遊德祕笈〉。

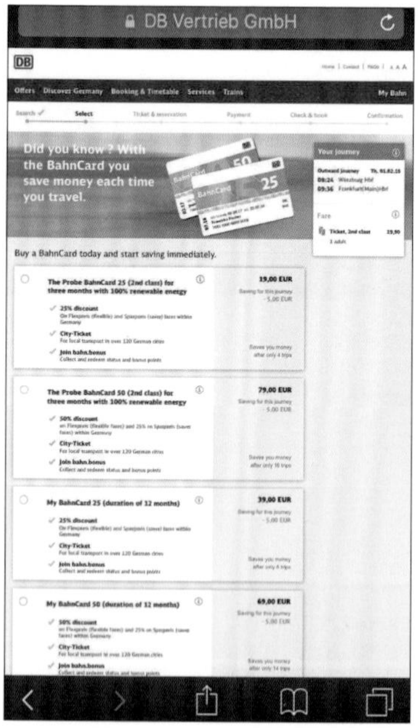

7

購買時可選擇註冊、登入德鐵會員，或者不登入購買，有德鐵會員的好處是可以與手機應用程式結合，使用電子車票。

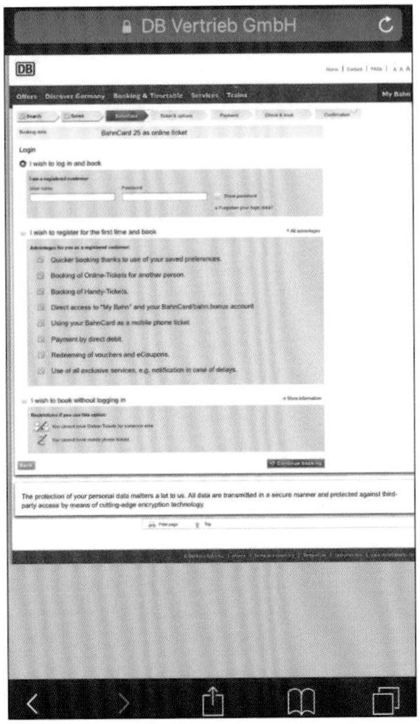

8

選擇電子或紙本車票、是否需要座位。

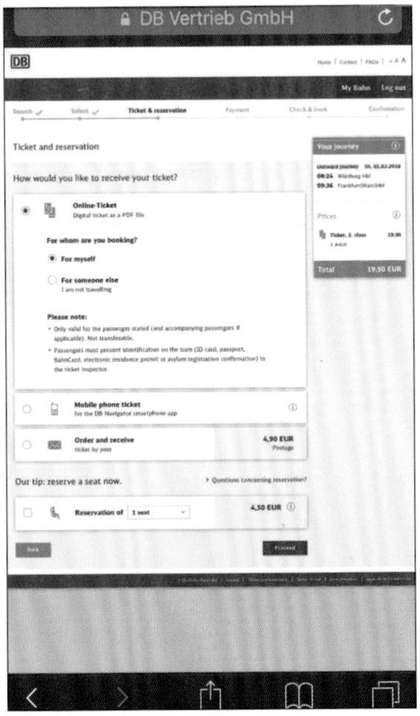

9

接下來是各種推銷，基本上可以忽略。

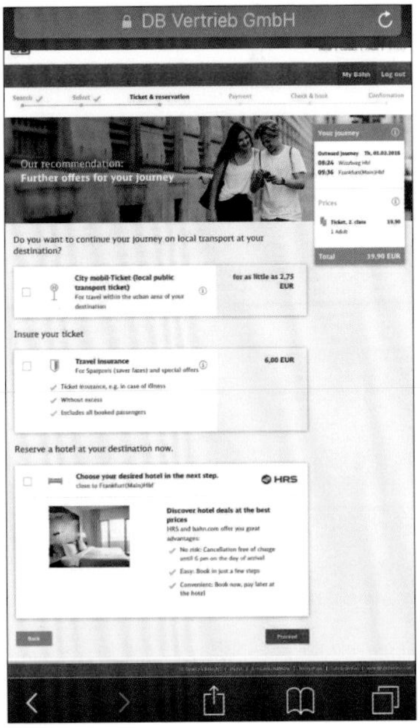

10

訂購車票時需輸入自己的基本資料，確認線上付款方式，付款後，會在電子信箱收到購買確認信。

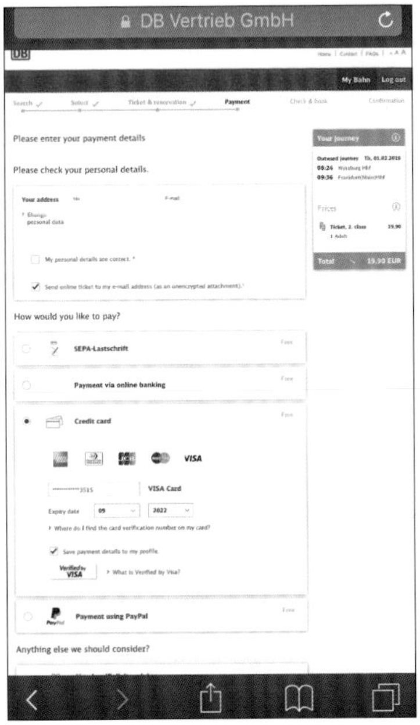

目前使用下來，個人覺得最方便、最準確的巴伐利亞邦交通查詢系統。

Bayern Fahrplan
巴伐利亞交通查詢網

網址
bayern-fahrplan.de/de/auskunft
網址 QR Code

使用說明：

1 按頁面右上角三條線，第三個選項 Einstellungen 設定中可以變成英文介面，點選第二個選項 Fahrtauskunft 旅程（英文版則為 Journeys）。

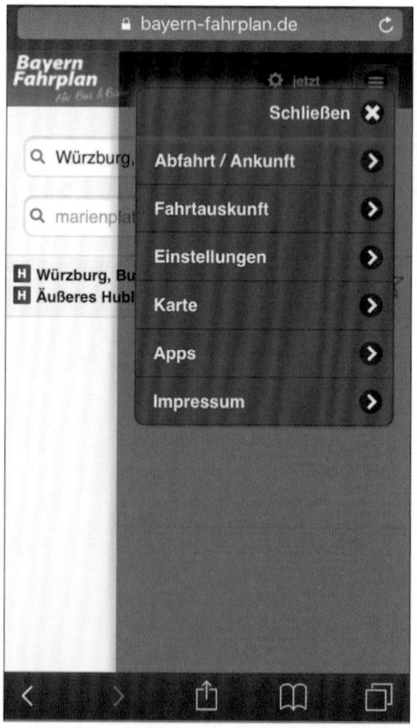

2 輸入起點、終點、日期、時間，會顯示推薦交通方式，按下右方箭頭，瀏覽詳細資訊。

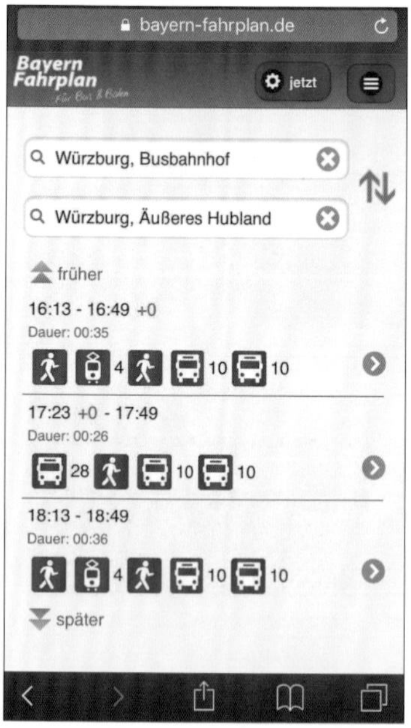

備註：手機與電腦瀏覽頁面略有不同。

GOEURO

網址

goeuro.de

網址 QR Code

非常好用的各類交通工具比價網，比快比便宜都沒問題，歐洲各地通用，從慕尼黑去柏林要搭飛機還是火車？問它就知道。

使用說明：

1 可以轉換成各國語言介面，若持有火車卡也可以進行選擇，系統會自動幫你算出優惠價。

2 清楚列出不同交通工具的時間及價格，提供旅人參考。

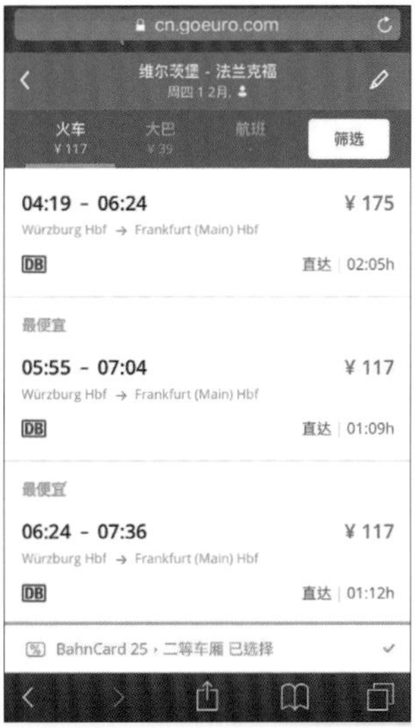

3 不但可以看到詳細資訊，還能轉跳到訂購車票的介面，實在是太方便了。

Reservix 德國訂票網
網址
reservix.de
網址 QR Code

實用指數 ★★★★★

不負責任評價

方便的購票網站，喜歡音樂、舞蹈、戲劇表演的朋友必備，甚至球賽門票也有賣呢！依照地區即可搜尋活動，亦能線上訂票，實體票券比較貴，建議大家購票後自行列印，把握在德國的時光，看場表演吧！（我會定期瀏覽這個網站，曾使用此站訂過巴哈音樂節：馬太受難曲音樂會、維也納少年合唱團巡演音樂會、聖誕節胡桃鉗芭蕾舞劇等票券，演出都相當精彩）

使用說明：

1 按頁面左上角，可以變成英文介面，首頁亦有許多推薦活動可以參考，輸入表演者、地區或活動就能找到想觀看的表演。

2 輸入團體名稱就能瀏覽該團體簡介。

3 往下拉會看到該團體參與演出的活動場次。

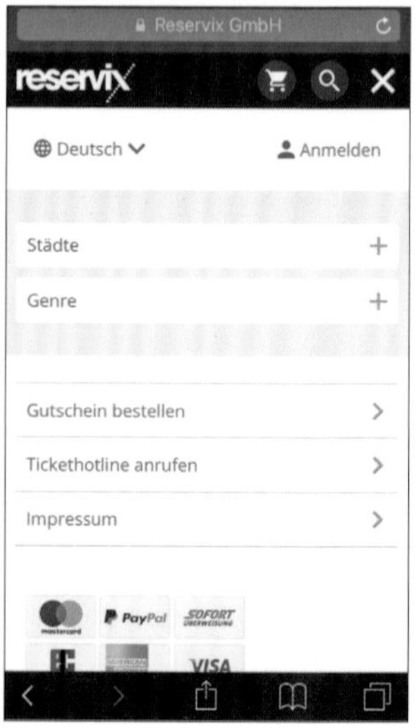

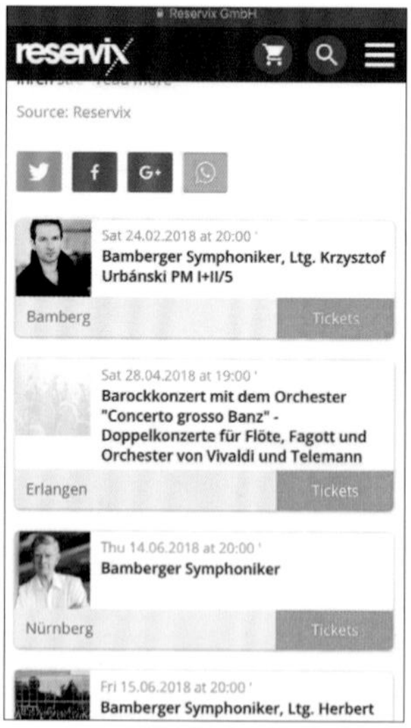

4 點選其中一個活動，瀏覽活動資訊。

5 若要購買還能進行線上劃位，點選右上方能看到不同顏色位置的票價。

6 選擇票種。

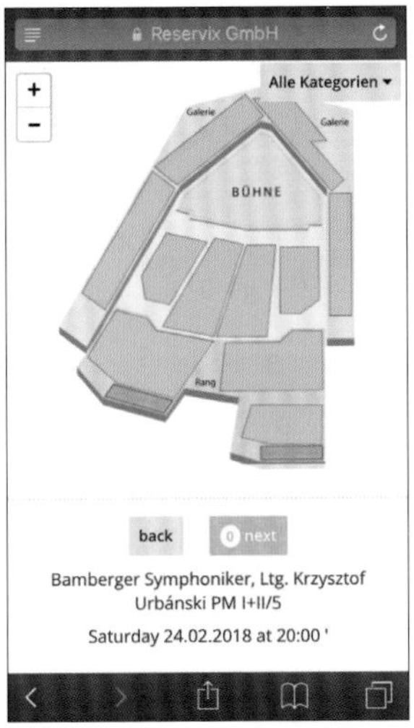

7 選擇完畢進行結帳，還能購買票券保險。

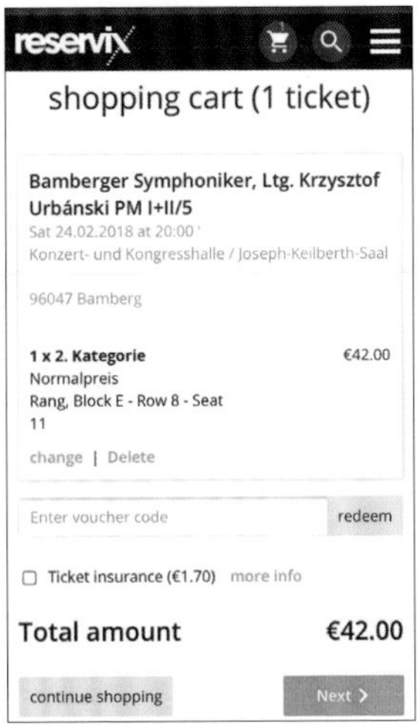

8 可選擇註冊、登入，或是不登入購買，接下來依照指示填寫資料及付款方式就完成了。

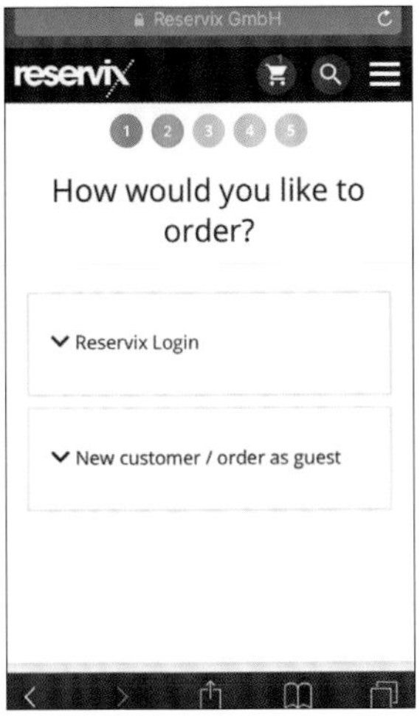

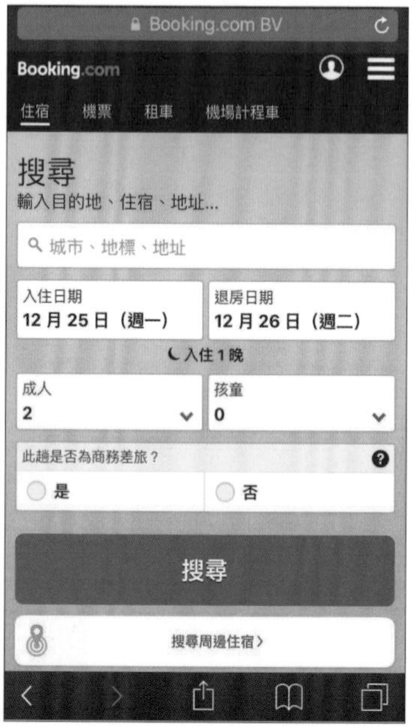

使用說明：

好操作的介面，還可以選擇使用幣別，相當方便。

Booking.com
網址
booking.com
網址 QR Code

實用指數 ☆☆☆☆

不負責任評價

好用常見的住宿訂購網站，還有網友評價可參考。

使用說明：

好操作的介面，還可以選擇使用幣別，相當方便，特別推薦折扣懶人包，幸運的話能夠撿到便宜。

agoda
網址
agoda.com
網址 QR Code

實用指數 ☆☆☆☆

不負責任評價

好用常見的住宿訂購網站，還有網友評價可參考

德國氣象網 Wetter.de
網址
wetter.de
網址 QR Code

1 首頁有德國天氣概況可供參考。

2 輸入城市，就能看到該城市每日最高溫與最低溫等天氣預報，及詳細的每小時預報。

實用指數 ☆☆☆☆☆

不負責任評價

德國氣象網站，使用一年多覺得頗為精確，非常值得參考，出去玩最要看老天爺臉色了，除了德國氣象，我在歐洲旅遊亦使用此網站參考，也幾乎沒有失誤。

心「德」筆記

1. 信用卡在德國非常好用，無論是購物還是網路購票都可以使用，購買車票往往提前買比線上買優惠，德國沒有 ibon 那類繳費機，不過線上刷卡再使用電子票券也相當便利，火車查票除了會看電子車票，也會要求出示刷卡使用的信用卡喔！
2. 在德國要不要使用手機網路，我認為見仁見智，俗話說：「路是長在嘴巴上的」，問路、尋求旁人協助亦是辦法，當然手機網路會使旅遊更便利，不一定要在臺灣購買上網卡，可至當地超市、手機門市或電器行購買便宜的預付卡（約 4 ～ 5 歐元左右），申辦網路專案，繳交費用，尤其是長時間在德國停留，使用當地的方案會比較划算，又能打電話，可以考慮。（個人使用一個月 19 歐元 5G 網路方案，到超市就能繳交電話網路費，不使用時也不用辦理停止手續。）
3. 德國網速平均不是很快，一回臺灣看到 4G 標記讓我非常感動，推薦 Vodafone 跟 blau 網速比較快，不過各城市網速不一，僅供參考。

德意志不思議

到德國必知的潛規則

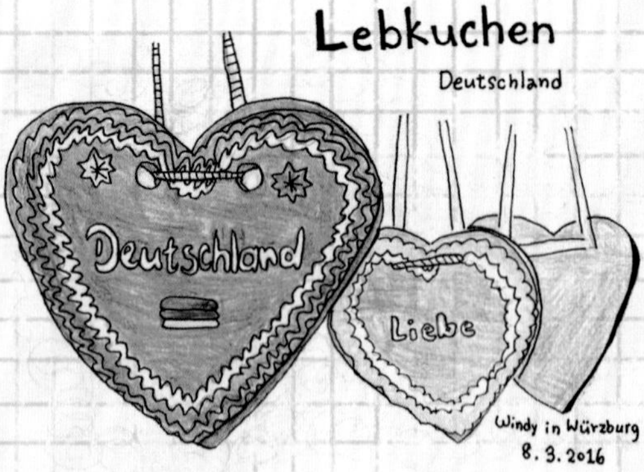

心形薑餅，一種傳統的德國點心，常見於聖誕市集、啤酒節等傳統活動，在上面題字是它的特色，從心形薑餅上的文字可以找到德國人的幽默

來德國讀書後，才發現這裡跟當初的想像有這麼多不同，生活中總是會有「什麼？德國竟然是這樣？」的驚嘆，也許在歐洲其他地區也會發生類似的情況，以下列舉幾個我在德國實際遇到的例子，德國也有潛規則，出發前，先認識這些「德意志不思議」，或許能減少一些文化衝擊，多一分理解和適應。

無所不在的 Termin

大家都聽過德國人是很嚴謹的民族，「Termin 預約」可說是德國生活非常重要的部分，銀行開戶要預約、看醫生要預約，想得到的各種手續都要預約，舉一個大家可能會覺得有點誇張的例子，有一次，朋友去眼鏡行買了隱形眼鏡，之前沒戴過幾次隱形眼鏡，想請店員幫忙，店員卻表示需要先預約才可以提供這項服務，在臺灣，各行各業皆以客為尊，在德國，顧客至上的概念較為薄弱，取而代之的是彼此之間的尊重，偶爾會覺得預約制度不甚方便，但預約可以掌握時間，不造成別人困擾，也何嘗不是一件好事，換個角度想，預約可能是另外一種人性的制度。

正方形枕頭

正方形枕頭，這是我來德國的第一個衝擊，為宿舍添購寢具時發現「咦？為什麼這麼多這種大正方形抱枕？」就連床包組附贈的枕頭套也是正方形的，這些「正方形」正是拿來躺的枕頭，德國友人表示：「正方形才能把頭跟肩膀一起放上去躺啊！」德國飯店、旅館幾乎都採用正方形枕頭，來到德國，別像我一樣被這「謎樣抱枕」嚇到了，不妨躺躺看正方形枕頭，說不定頭與肩膀一起放鬆的設計，符合了人體工學，真的會比較好睡呢！

心「德」筆記

在德國，如果你需要比較花時間或特殊的服務，記得先禮貌詢問能不能預約，有事先預約，德國人還是會提供你一個好的服務品質。

市政廳，登記戶籍、延簽的辦公場所，也是最常聽到「Termin」的場所，在德國生活大概都脫離不了和市政廳預約這件事

1

德國式禮貌

在德國宿舍或電梯等場合遇到人，即使是不認識的人，對方也會跟你說Hallo（音同英文的Hello），商店結帳時，店員除了說謝謝也會加上一句「祝你有美好的一天」，德國人不太會跟別人裝熟或太主動幫助別人，不過一旦被德國人定義為朋友，他們也是很熱情的，對於不熟的人，德國人有他們保持禮貌的方式，第一天搬來宿舍覺得很奇怪，為什麼不認識的人都跟我打招呼，原來這就是德國式禮貌：對身邊的人保持友善但不侵犯的距離。

德國化的電影

電影一旦進口到德國，都要被「德國化」，砍掉字幕，重新配音，也因此有些電影在德國比較晚上映，而外國人來到德國，德國人很少先用英文問候你，他們會先用德文與你溝通（當然，觀光城市或大型城市例外），這與臺灣人看到外國人就會主動先講英文的習慣相當不同，德國人的觀念是：來我們國家或多或少也要學一些德文、對德國有一點了解，他們就理所當然認為外國人會講德文了，回到電影的話題，電影之所以都用德文重新配音，我想這也是德國人認為「在我們國家尊重我們的文化是很重要的」。

對有機的堅持

逛逛德國超市，最常看到的字不是打折或特價而是bio有機，「有機」對德國人來說似乎比折扣更有吸引力，德國的有機很「讓人安心」，他們所說的有機，就是真的有機，在德國，標榜「有機」卻沒經過有機工法製作的情況不太可能發生，德國人講求信用，誇大與仿冒對他們來說非常嚴重，在德國待久了也漸漸喜歡買標有「有機」的商品及食品，覺得好天然好健康，也推薦給要來德國的讀者。

心「德」筆記

走進商店時，就算沒有要購買商品，也應該與店員禮貌打聲招呼，以免失禮喔！

德國大城市也有英文原音電影，只是數量比較少而已，就大部分的情況來說，德國人還是喜歡看德文配音電影。

2

Kräutertee

Deutschland

3

1 欣賞假日街頭的樂團表演，感受德式熱情
2 德國電影院頗具現代感的裝潢設計
3 有機的花草茶就是德國人的最愛了

你休息，商店也要休息

德國商店的營業時數遠低於臺灣，平常日四、五點打烊，超市則開到八點，星期日商店也是不營業的（觀光區與餐廳例外），至於我們熟悉的便利商店，就更不可能出現在德國，取而代之的是營業時間較長的加油站商店，剛到德國，感到很奇怪不太習慣，八點過後的街道，店家就關起大門了，但是法國同學跟我說過：「有什麼好奇怪的？大家休息，店員不用休息嗎？」商店的休息可能也只是造成生活的一點點不方便，卻有多少店員可以因此和我們一樣能夠在晚上及假日好好休息。

從來沒有看過的口罩

口罩在德國幾乎是絕跡了吧！也許這樣下定論有些誇張，不過就我一年在德國的觀察：德國人沒有戴口罩的習慣，就算是得了感冒也大聲咳咳咳，沒有在怕傳染的，因此有人這麼說：德國同個城市裡的居民總是得到同樣的感冒，互相傳染而來的，在德國戴口罩，大家都會投以異樣眼光，另外擤鼻涕的時候，很多德國人也習慣大聲的擤，他們認為這樣才能徹底擤乾淨，倒吸鼻水、不大聲擤鼻涕，對我們來說可能是禮貌怕干擾旁人，德國人卻認為倒吸鼻水非常噁心，好像把病毒吸回體內了，擤鼻涕就是要大聲擤，鼻水積著不擤會對身體不好，剛來德國常常被擤鼻涕的聲音嚇到，後來聽到德國人的解釋，想想也不無道理。

來到一個不同的國家，憧憬是有的，衝擊更是少不了，而我對於德國的驚嘆絕對不止上述這些例子。不同的國家與文化從來都沒有優劣的差異，只有適合與習慣與否，但是在一個不同的國家生活，努力適應與理解他們的文化，入境隨俗；認識潛規則，也是旅途中一項重要課題。

心「德」筆記

週六下午，記得到超市屯糧。

入境隨俗，若沒有感冒或過敏症狀，在德國還是盡量不要戴口罩吧！

假日的德國街道，雖然商店幾乎都沒有營業，好天氣還是吸引了不少人外出，和親朋好友上街散步、喝下午茶

吃一口
德語翻譯蒟蒻

簡單實用的德文小教室

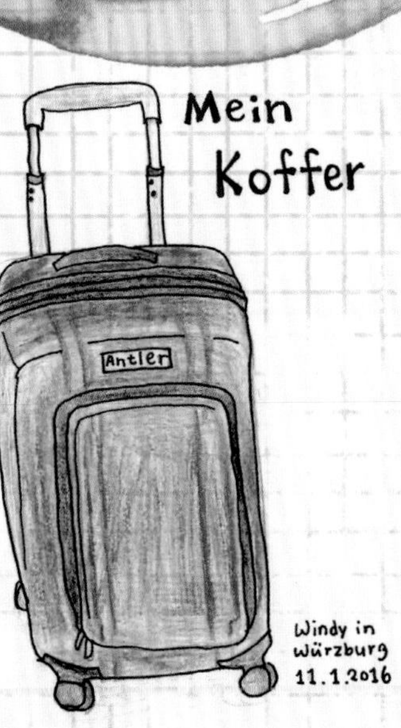

提著行李箱到德國旅行囉！

初級旅遊用德語對話

德國人英文很好，在德國大部分的城市說英文應該不是問題，不過，到德國旅遊若能講出一句德語，會讓德國人對你刮目相看，試想在街上遇到一個外國人，一開口就用中文跟你問路，不是很親切嗎？以下列舉幾句旅遊實用德語，並附上德國人一定聽不懂的中文音標（標示紫線），方便記憶，正確發音還是要參考德文線上字典。

Entschuldigung 不好意思

想開口問路的發語詞、不小心撞到人的道歉、擁擠的火車上找位子說的借過，全部可以說這句 Entschuldigung 淹死抽迪拱，德國人很注重禮貌，這句一定要學起來。

Danke 謝謝

Danke 當可，謝謝真的是每個語言必學的詞，想要更禮貌一點，還可以說 Danke schön! 當可訊！，非常感謝。

Bitte 不客氣、請

Bitte 逼特是個很妙的字，非常萬用，可以當作 Danke 的回話，也可以在任何拜託或請求別人的場合使用。

Wie Viel？多少錢？

這句話其實是從 Wie viel kostet das/es? 簡化來的，Wie Viel?V 飛樂對應過來就是英文 How much? 的意思，買東西當然要問價格啦！這句話當然很常使用。

Ich hätte gern…我想買…

其實在德文課中我只學過 ich möchte 我想要，來了德國觀察路人都是這樣開口的，才跟著使用這句話，對應過來就是英文 I would like to have（德文翻英文有時候會比較貼切），這個 Ich hätte gern 一喝 嗨特 蓋，這麼道地的購物或點餐用法也很值得記下來。

Gibt es eine Ermäßigung? 有優惠／折扣嗎？

Gibt es eine Ermäßigung? 歌欸死 唉呢 欸而妹喜拱 這句話很適合殺價或搭配學生證等證件詢問有沒有優惠，旅遊中想省點錢快記下這句話！

Ist hier noch frei? 這裡有人坐嗎？

搭乘火車沒有購買對號座、餐廳裡滿滿都是人，想跟別人併桌，這時候 Ist hier noch frei? 已死 喝一而 諾喝 飛 就是非常好用的詞了，德語禮貌詢問後，說不定還會跟隔壁的陌生人因此聊起來呢！我就常常在火車上這樣詢問，就莫名跟隔壁的人聊到下車了。

Wir möchten bezahlen. 我們要結帳了

德國餐廳的服務生大多悠悠哉哉、慢條斯理，用餐完畢也不一定會主動來幫你結帳，這時候就要說 Wir möchten bezahlen. V而 抹特 逼擦冷，提醒服務生來結帳，此時他一定會問你 Zusammen oder getrennt? 一起算還是分開結？「zusammen 促撒們」是一起的意思，「getrennt 歌退」則是分開的意思。

Sprechen Sie Englisch? 您會說英文嗎？

最後最後，你覺得以上這些完全超越了腦袋瓜的負荷量，沒關係就學這句就好「Sprechen Sie Englisch? 使逼喊 西 英格里西」，如果對方回答一個 ja 對啊！你就可以愉快地說英文啦！（早說嘛）

進階偽德國人，「德式口頭禪」教學

到德國交換前，我學過三年德文，然而，學習德文是一回事，真正使用德文生活又是另外一回事了，生活中太多課本沒有教、字典也沒有寫的德文詞彙，初抵德國之時，我懷疑過「啊！我真的會說德文嗎？」德文班的同學說她也有這樣的困擾，德國友人曾經對她說過：「你講德文好像一本字典，太正式了，輕鬆點。」，學完初階旅遊對話覺得意猶未盡嗎？那就來看看幾個德文課不一定有教，但德國人一定常常說的德文。

Ach so! 原來如此！

說到口語德文，首先一定要介紹這個「Ach so! 啊喝搜」，十個德國人應該有九個以此為口頭禪，從德國回來以後，我也被傳染了，講德文無法不 Ach so!，這句話使用的情景通常是聽了一番解釋或描述，你附和的點點頭補上一句 Ach so!

在德國頗為流行的一本書：無用知識大全，
我認為也是種德式幽默呢！

Warum lernst du Deutsch? 你為什麼學德文？

Ich liebe Deutschland. 我喜歡德國。

Ach so. 原來如此。

Genau! 沒錯！

學德語的朋友們都和 ja 與 richtig 不陌生吧？這兩個字都是對啊、沒錯的意思，接下來登場的這個「genau 割腦」與它們意思相近（補充：genau 亦可置於句中表示確切的），不過德國人好像講起 genau 來更順口，同意別人時，順順的回答 genau 會讓人覺得你很道地喔！

Das Wetter ist schön. 天氣真好。

Genau! 沒錯！

Doch!

這個「doch 豆喝」非常微妙，德國小孩的頂嘴愛用語，找不太到對應的翻譯，也可以放在句中做加強語氣，作為一個口語常用字時，是用來否定否定句（表示肯定），那我們來看一下例句吧！（頭腦打結中）

Du hast nicht gesagt. 你沒有說過。

Doch. 我有。（否定前面的否定）

Egal! 都可以啊！

這個「egal 欸尬」推薦給喜歡把隨便、都可以啊、無所謂掛在嘴邊的朋友，人生總是有沒有意見（又剛好在德國）的時候，就可以把 egal 搬出來用囉！

Kaffee oder Tee? 你要咖啡還是茶？

Egal! 都可以！

Prost! 乾杯！

來德國一定要會說「Prost! 破斯特」，德國人愛喝酒是眾所皆知的，喝酒舉杯時人們會說 Prost! 並直視對方的眼睛，找個人把身邊的杯子拿起來，一起說聲 Prost 吧！

Quatsch! 胡說！

想用德文吵架一定要先學會「Quatsch! 跨噓」，是說對方講廢話或胡說八道，至於例句及使用時機我相信大家都很清楚的。

心「德」筆記

到他國旅行時，我總喜歡學個幾句簡單的當地語言，也許講得不一定標準，有時候還會把自己帶到一個更不懂的窘境（在盧森堡講了幾句法文後，親切的老奶奶一直拉著我用法文聊天，其實我法文沒有這麼好啊！），不過這種入境隨俗學個幾句外語的旅行方式，往往能讓人覺得更投入這趟旅行，也時常開啟一段閒聊，甚至交到新的朋友。

蘋果先生，橘子小姐

德文難不難，淺談德語學習

「德文進步日曆」，在德國，接近年底都會推出這種一整年的日曆，有各式各樣的主題，例如每日一名人、每日一笑話、每天一個無用知識等等，最後我選擇了這本日曆，每天都有不同的德文問題，背後亦有解答，非常推薦學習德文者使用！除了德文，還有其他語言的學習日曆，新的一年，就讓這些有趣的日曆陪你一起過

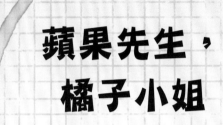

說到與德文的這分「孽緣」，其實一開始，我並沒有想過自己會讀德文，更沒想過會當德文老師，高中時，我的第一志願是外文系，然而，推甄填志願時，又認為也許在大學學習一個新的語言，會有不一樣的收穫，於是，我開始學習德文。

學習語言，除了學會不同的溝通方式，還能夠了解不同的文化，腦子裡總是有不同的方式可以形容一件事情的感覺真的很棒！四年前，我因為喜歡英文而想讀外文系，學習德文以後，從學習字母到寫德文作文，才發現無論學習哪一種語言都有它的樂趣。

蘋果先生與橘子小姐

聯合國公布世界上最難的語言排名裡，德文是第七名，德文單字分為陰陽中性，不過，陰陽中性的分法，常常是沒有依據的，蘋果是陽性、橘子是陰性；狗是陽性、貓是陰性，這一切已經夠荒謬了，但最讓人抓狂的是「Mädchen 小女孩」這個單字竟然是中性！「Baby 寶寶」是中性還有道理（畢竟不知道小嬰兒的性別，用中性稱呼比較不失禮），但小女孩不很明顯是女的嗎？在背單字的過程中，我決定利用稱呼來記憶它們，「蘋果先生」、「橘子小姐」、「無法歸類的小寶寶」等等，這些沒有規則的詞性，讓我學德文學得很辛苦，卻也很有樂趣。（前年我開始學法文，蘋果跟橘子在法文裡都是陰性，與德文不一樣的詞性真是另一個崩潰的開始。）

我「德」原則

學德文，不只是記憶詞性，動詞與形容詞也需要配合它們變化，另外還有各種不同的格位，學了四年多德文，偶爾還是會搞混，德文的詞性分類雖然不太有原則，不過，德文文法相較其他語言，還是很有規則的，發音也好學，只要學會字母發音，閱讀德文文章時，即使通篇看不懂還是可以正確的朗誦，我絕對不會說德文簡單，但德文有它的規則在，可以說是很有原則的語言。

1

心「德」筆記

字尾是 chen 的單字，都是中性的，chen 有小的意思，或許「小」的時候性別比較難判斷，「Mädchen」小女孩之所以為中性，可能還是有其道理吧（苦笑）。

2

1 和其他外籍同學用德文畫海報，在學校的國際之夜介紹自己的國家
2 和小組同學一起用德文製作介紹「德國文化課」的海報

Rindfleischetikettierungsüberwachungsaufgabenübertragungsgesetz?

德文有許多很長的單字，乍看之下很難很複雜，其實是由幾個單字組合起來的複合字，目前公認最長的德文單字是Rindfleischetikettierungsüberwachungsaufgabenübertragungsgesetz（數一數竟然有63個字），看到這麼長的單字別怕，偷偷告訴你，它根本是在虛張聲勢，把這個單字拆解一下，Rindfleisch是牛肉、Etikettierung 是標記、Überwachungsaufgaben 是監管作業、Übertragungsgesetz 則是委託法，合起來就是「牛肉標籤監管任務委託法」（不過德國目前不再對食用牛進行狂牛症監測，這個字就默默地變成歷史了），由此可知，只要會拆字，背德文單字並不難，牛肉法這個單字（不小心也把它簡稱了）好像不太親切，再舉一個例子，和英文字相同的「Kindergarten 幼稚園」，「Kinder 是小孩」，「Garten 是花園」，小孩的花園那就是幼稚園囉！

那我還要學德文嗎？

我絕對不會說學語言是件容易的事情，要學到一個能溝通的程度，需要長時間的接觸與練習，但我會說學語言絕對有它的樂趣，複雜的文法，加上好萊塢電影裡德國壞人的刻板印象，讓很多人認為德文是生硬艱澀的語言，不過可別忘了，歌德使用德文書寫浪漫的小說與詩、格林兄弟用德文創造出一篇篇充滿創意的童話，一個語言的情感，是使用它的人所賦予的，學習語言，就是學習另一種表達想法的方式。

1

2

心「德」筆記

利用拆字法來背單字，幫你省省腦容量。

1 我的德文字典
2 只要有心，看招牌也能學德文！

我的旅德景點地圖

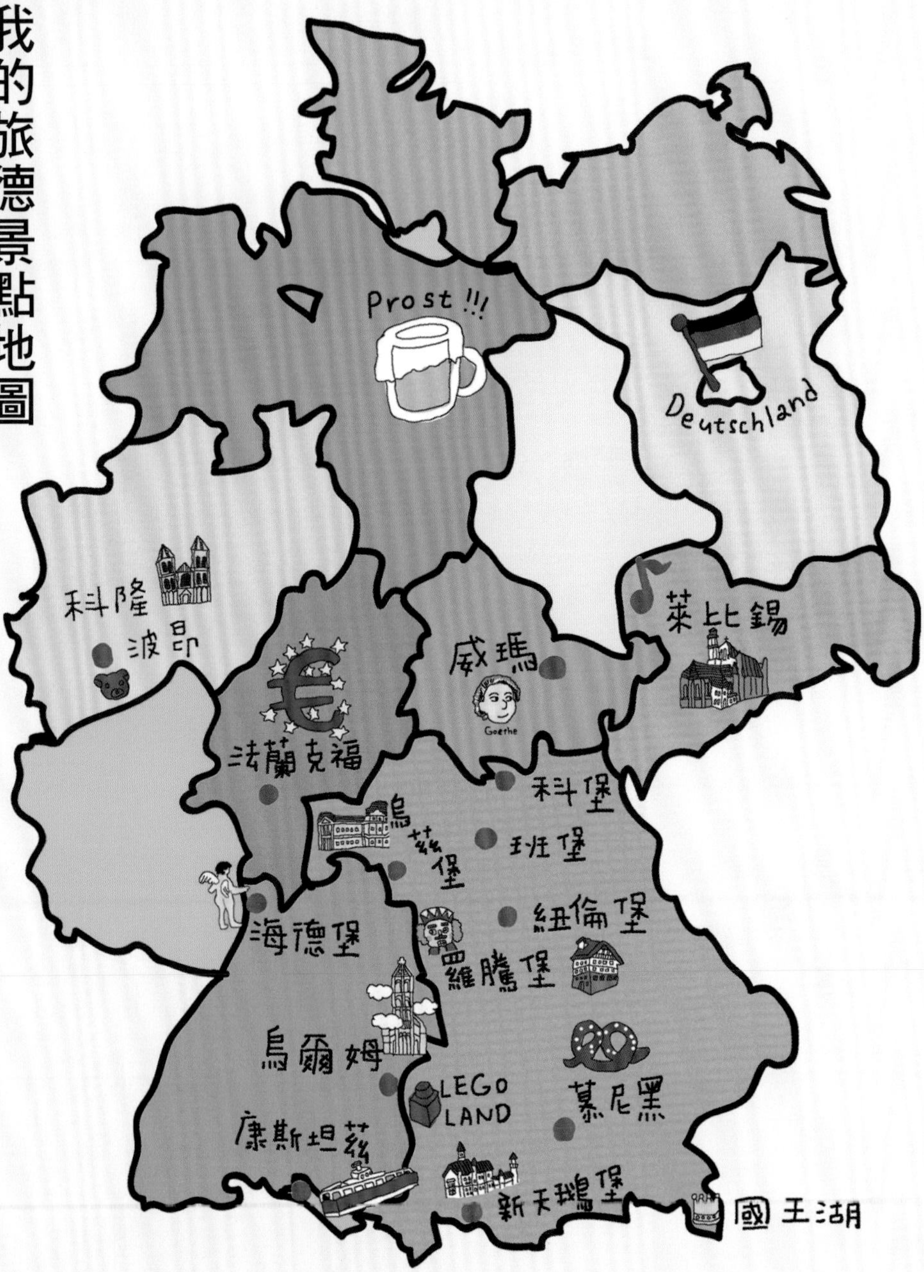
Prost !!!
Deutschland
科隆
波昂
法蘭克福
威瑪
Goethe
萊比錫
科堡
烏茲堡
班堡
海德堡
紐倫堡
羅騰堡
烏爾姆
LEGO LAND
慕尼黑
康斯坦茲
新天鵝堡
國王湖

科隆大教堂

充滿愛與灰塵的城市

景點推薦指數
❤❤❤❤

不負責任評價

著名的科隆當然是必看，不用說了，科隆同時也是個適合購物的城市，最傳統的 4711 古龍水也在這裡。

科隆大教堂

不准你比科隆大教堂高！

說到德國的教堂，最有名的大概就是科隆大教堂了，走出科隆中央車站，便可以看到左手邊的大教堂，它是德國第二、世界第三高的教堂，一八八〇年至一八八八年間還曾是世界上最高的建築，為了保持科隆大教堂在科隆高大的地位，科隆市政府為此規定市區內所有建築都不可以高過科隆大教堂，真是可愛的規定。

好想幫教堂洗澡

科隆大教堂建於十三世紀，耗時超過六百年才完成，可惜歐洲許多建築物的命運都很坎坷，第二次世界大戰期間，英美聯軍以轟炸機攻擊科隆大教堂，再加上氣候與環境（例如酸雨）的影響，使得教堂無時無刻都在進行維護的工程，每次來參觀科隆大教堂都可以看到不同位置的鷹架，也許這也是它的特色之一，即使努力的維修，教堂外觀還是黑黑灰灰的，其實原本的科隆大教堂可是雪白色的。

當然，歐洲有名的建築物都有世界文化遺產的頭銜，科隆大教堂也不例外，歌德式高尖塔、玻璃花窗、拱形屋頂等中世紀歌德式建築該有的元素它都有，一九九六年，科隆大教堂被正式列為世界文化遺產。

參觀了那麼多歐洲的教堂，科隆大教堂算是我心中排名前十的教堂，原因大概就是很經典吧！不過比起高大的外觀，我更

1 科隆大教堂彩繪玻璃
2 教堂內寫有各國語言的樂捐箱

黑黑灰灰的科隆大教堂

霍亨索倫橋上的愛情鎖

喜歡教堂內的彩繪玻璃以及管風琴，精緻到讓人讚嘆不愧是蓋了六百年的教堂。

交通樞紐見證的永恆愛情

科隆大教堂旁，掛滿了寫有「某某&某某」愛情鎖的橋，一樣吸引了來自世界各地的觀光客，此橋的重要性其實不是這些鎖，霍亨索倫橋跨越了萊茵河，是科隆最古老的橋，一八五九年，此地興建了一座有兩條鐵路的大教堂橋，不過老舊的橋無法承受龐大的交通量，因此，一九〇七年至一九一一年建造了現在的霍亨索倫橋，霍亨索倫橋和科隆中央火車站（車站上還有浮誇的4711古龍水招牌）都是德國鐵路的重要樞紐，二戰時期，霍亨索倫橋也在交通上扮演了舉足輕重的角色。

既然叫作霍亨索倫橋，當然要提到霍亨索倫王朝，橋兩端的騎馬雕像就是霍亨索倫王朝普魯士國王和德國皇帝了，象徵普魯士的統治。霍亨索倫橋的功能是務實的交通樞紐，不過，其建築卻充滿新浪漫主義的色彩，完全與隔壁的歌德式科隆大教堂呈對比，雖然風格不盡相同，將它們擺在一起的風景明信片卻毫不衝突，這兩座新浪漫主義與歌德風格的地標性建築，為繁華的現代都市科隆，增添了一些夢幻氛圍。在第二次世界大戰中，霍亨索倫橋是德國最重要和交通量最高的鐵路橋之一。

至於橋上掛到幾乎沒有空位的愛情鎖，則起源於二〇〇八年暑假開始有人在橋上掛鎖，遊經此地的情侶，也許是看到別人的鎖在橋梁上許下永恆的諾言，紛紛效法，彷彿只要把自己的愛交給橋梁保管，就可以把情人永遠鎖在身邊，不知道是不是一種奇怪的效應，從基利安主教的腳邊（他不是邱比特好嗎？）到貝克要塞旁邊的橋（是要塞！不是

浪漫的城堡）都可見到愛情鎖，歐洲的橋梁好像很容易變成愛情鎖橋，畢竟人人都喜歡浪漫的諾言，說永遠，太沉重也太遙遠；說不相信，只是想保留殘存的理智；說不心動，那就是騙人的，在精挑細選的鎖上簽了兩個人的名字，一起把愛情鎖在橋梁上，將鑰匙投入河中，對彼此承諾，傳說這樣兩人就會永遠在一起，要分開，就如同從河裡撈出當初那把鑰匙一樣難，在歐洲旅遊，我真想不到比鎖愛情鎖更浪漫的

1 霍亨索倫橋
2 橋端國王的雕像
3、*4* 橋上的愛情鎖

事了。

後來，德鐵曾考慮要卸下這些愛情鎖，畢竟交通樞紐和愛情一點關係也沒有，不過受到民眾激烈的反對，愛情戰勝了理性，德鐵也只好默認霍亨索倫橋變成愛情鎖橋的事實了，在微涼的四月初春，依偎的情侶幸福的欣賞愛情鎖橋與萊茵河畔風景、女孩牽著爸媽的手天真唸著愛情鎖上的姓名、來自世界各地的遊客拿著自拍棒爭相與別人的愛情合影、一輛接著一輛列車急駛經過霍亨索倫橋，說真的，我沒有特別喜歡科隆這個城市，中央車站的混亂及虎視眈眈尋找偷竊目標的眼神，讓我對科隆的第一印象沒有太好，但霍亨索倫橋，一座莫名開始背負愛情的橋，卻剛好給這樣的城市增添了不少愛與浪漫。

INFO

旅遊資訊懶人包

Kölner Dom 科隆大教堂

- Dompropstei Margarethenkloster 5，50667 Köln
- 就在火車站前
- 11 月至 4 月：06:00-19:30 ／ 5 月至 10 月：06:00-21:00 ／週日及特定節日：13:00-16:30
- 免費入場
- koelner-dom.de

Hohenzollernbrücke 霍亨索倫橋

- Hohenzollernbrücke，50667 Köln
- 火車站旁，步行即可抵達

Imhoff-Schokoladenmuseum 巧克力博物館

- Am Schokoladenmuseum 1a, 50678 Köln
- 搭乘地鐵 1、7 或 9 號至 Heumarkt 站，步行三分鐘即可抵達，或搭乘公車 133 號至 Schokoladenmuseum
- 週一到週五 10:00-18:00、週末及特定節日：11:00-19:00
- 全票 11.5 歐元、高中以下學生 7.5 歐元、大專生 9 歐元、65 歲以上長者 10 歐元、殘疾人士 7.5 歐元、6 歲以下免費
- schokoladenmuseum.de/de

心「德」筆記

1. 霍亨索倫橋之所以那麼有名，德國歌手的歌〈Schenk mir dein Herz 給我你的心〉幫他打了很大的廣告，這首歌的內容是寄託在橋身上的愛情故事。
2. 科隆動物園是歐洲最大的動物園，園內有四千多隻動物，動物居住環境也很寬敞，不過門票價格有點不可愛。
3. 科隆是 4711 古龍水的產地，想購買香水可以到這裡的專賣店，另外，香水博物館購票參觀會送香水。
4. 香水博物館須預約跟著導覽才能參觀，部份時段有中文導覽，可上網查詢。
5. 科隆離杜賽朵夫很近，想採買亞洲食材、喝珍珠奶茶解鄉愁，亦可將杜賽朵夫排入行程。

INFO

旅遊資訊懶人包

Duftmuseum im Farina-Haus 香水博物館

- Johann Maria Farina gegenüber dem Jülichs-Platz GmbH since 1709 Farina-Haus Obenmarspforten 21 50667 Köln
- 搭乘 132 號公車至 RATHAUS 站
- 週一到週六 10:00-19:00、週日 11:00-17:00
- 5 歐元、10 歲以下免費
- farina-haus.de

科隆動物園

- Riehler Str. 173, 50735 Köln
- 搭乘電車 5、16、18 號，搭乘地鐵 18 號，或搭乘公車 140 號至 Riehl Zoo ／ Flora 站
- 冬季 09:00 -17:00 ／夏季 09:00-18:00（特殊節日調整開放時間）
- 全票 19.5 歐元、12 歲以下 9 歐元、學生票 14.5 歐元、3 歲以下免費
- koelnerzoo.de

1 科隆動物園入口
2 雕像一般的鶴群

波昂櫻花街

德國也有粉紅春天

景點推薦指數

❤❤❤❤

不負責任評價

德國的春天很美，波昂的春天更因為櫻花的點綴美得無法形容。

波昂的春櫻

德國最美的季節

如果你問我，德國哪個季節最美？春天，我會毫不猶豫地這樣回答。經過幾個月每個早上都被鏟雪車吵醒、太陽四點就下山、三不五時來個大雪的漫長冬季，天氣逐漸轉暖，日照時間越來越長，五點日出，十點日落變成太陽的新規律，德國也因應日照時間調整為日光節約時間，與臺灣的時差從七小時變成六小時，日照時間的增長，會讓人感覺一天比一天值得期待，然而，我喜歡德國春天的真正原因，是德國的花，春天的時候，開滿花的街道，讓人覺得太幸福了，每天搭公車經過開滿櫻花的那條路，覺得自己像是走進風景畫裡，現在回想起來，在德國的春天依然是我這一年來最美好的回憶。

德國人很講求生活品質及居住環境，像是規定蓋房子的高度，以免影響到鄰居的日照；有些城市還規定市民須保留房屋的原貌，不得任意加蓋毀壞市容；許多房屋屋主聖誕時會在屋外裝飾一排燈泡及擺飾，平時則細心整理院子的花草，所以在德國的一年中，總是能感受到不同季節的氛圍，這大概是一種德式的浪漫吧！

音樂與粉紅之城

我很喜歡花，德國許多城堡也不讓人失望的「附設了」花園，不過說到最有名的，當然是波昂的櫻花街了，它可是號稱「世上最美的街道」之一呢！先介紹一下波昂這個城市，它是前西德的首都，也是貝多芬的故鄉，貝多芬在一七七〇出生於波昂的一幢民居，不過不只是貝多芬，音樂家舒曼也在這個城市度過了人生中的最後幾年，並和妻子一起葬於波昂的公墓。

櫻花街位於波昂的Heerstraße，不在市中心，平時也只是條不起眼的街道，會變成櫻花大道，還是因為一個很「德國」

1 廣場上的貝多芬雕像
2、*3* 波昂櫻花街
4 波昂大學的建築物前身是主教宮殿

的理由：美化市容，每年三、四月，整條街便被染為浪漫粉紅，落英繽紛的美景吸引世界各地的遊客前來賞花，去年，我曾於四月初造訪波昂，還不是櫻花最盛開的時候，大部分的櫻花樹只是含苞待放的狀態，但離主街道較遠的一條小巷，已經盛開了粉紅色的櫻花，微涼的四月裡，春風吹起了一場粉紅色的櫻花雪，這個畫面沒有浪漫以外的字能夠形容（少女式尖叫），一定不會輸給日本的櫻花。

　在春天造訪德國，強力推薦找個時間去波昂賞賞櫻花，看見德國最美好的春日風貌。

3

旅遊資訊懶人包

Heerstraβe 櫻花街
- Heerstraβe 20A, 53111
- 火車站出發步行十分鐘即可抵達
- kirschbluete-bonn.de

貝多芬故居 Beethoven Haus
- Bonngasse 20, 53111 Bonn
- 火車站前搭乘公車至 Beethoven-Haus 站下車
- 4 月 1 日至 10 月 31 日：10:00-17:00 ／ 11 月 1 日至 3 月 31 日：週一至週六 10:00-18:00、週日及國定假日 11:00-17:00（特定節日公休、調整開放時間）
- 全票 6 歐元、優待票 4.5 歐元
- beethoven-haus-bonn.de

心「德」筆記

4

1. 波昂沒有想像中的大，卻是德國歷史中十分重要的城市，現在則是德國有名的大學城，部分大學城的建築是之前的主教宮殿，遙想幾百年前，教室也許是主教辦公的地方呢！
2. 波昂也是小熊軟糖 HARIBO 的產地，來波昂別忘了到小熊軟糖旗艦店帶點伴手禮。
3. 想看到滿街的櫻花，建議先上網查詢開花時間，櫻花盛開期不長，每年也不太一樣，提早查詢以免向隅。
   推薦查詢開花時間網站：https://www.facebook.com/PrintandPaint/

法蘭克福

不只有機場，更是德國歷史及商業重鎮

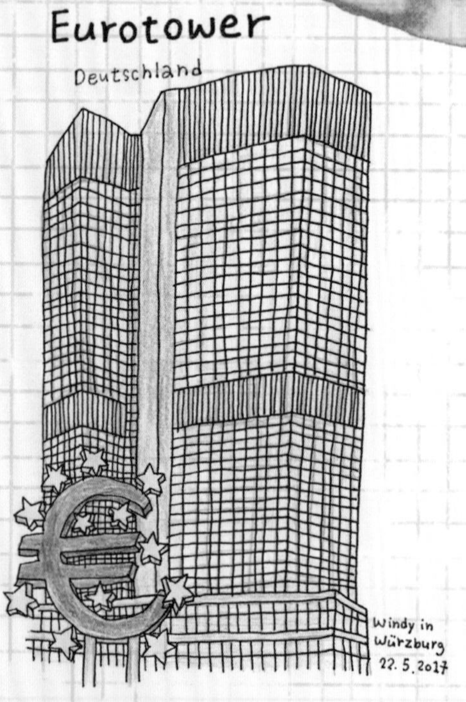

景點推薦指數

❤❤❤❤

不負責任評價

法蘭克福是許多旅人來德國的第一站，也是許多商人辦展之處，這樣繁華的城市，其實也有幾個值得一看的景點古蹟喔！

商貿中心與歐元標誌像

不變的商貿中心

法蘭克福機場是許多人抵達德國的第一站，這個城市不只有國際機場，也是一個歷史及商業重鎮，有學者斷言，法蘭克福的羅馬廣場曾經是羅馬人駐軍、交易以及居住之地，歷任神聖羅馬帝國皇帝就在此地的市政廳舉行加冕儀式，十二世紀時，羅馬廣場就有大規模的貿易展覽，許多義大利、法國或其他歐洲商人在此交易，而現在，法蘭克福除了保留那些羅馬人曾走過的歷史古蹟，亦興建許多現代化的高樓大廈，也是許多重大商展舉辦之地，這個城市新舊並立，時代在進步，現代的金融交易當然不是羅馬人的以物易物，或是中古世紀的布匹交易，唯一不變的是，法蘭克福一直都是歐洲重要的商貿中心。

羅馬廣場上，正義女神雕像矗立在人群中，她一手拿著象徵公平審判的天秤、另一手則緊握象徵制裁武力的長劍，正義女神是法律中公正的象徵，世界各地皆有她的雕像，通常正義女神除了拿著天秤和長劍，也會戴著象徵平等、客觀、一視同仁的眼罩，法蘭克福這尊正義女神沒有眼罩，因為德國有法學者認為，審判者不能將自己抽離對世界的觀察，取下眼罩的正義女神，表達的就是民權和啟蒙時代的精神了，不矇眼的正義女神，以犀利冷靜的目光注視世界，和廣場上的來往人群。

1 羅馬廣場

2 正義女神像

水晶鋼琴及純金長笛

法蘭克福長期舉辦商展，法蘭克福展場規模很大，每年都會舉辦各式商展，吸引了來自世界各地的廠商參展、民眾參與，因為從小學習樂器，對樂器展一直很有興趣，在德國交換期間，有幸擔任樂器展中臺灣廠商的英德翻譯，利用自己的語言專長在展場工作外，還能利用提早抵達展場及工作空閒之餘參觀展場、試彈天價鋼琴以及試吹純金長笛，光是這兩件事情就讓我覺得四天的辛苦完全值得！純金打造的長笛聲音很精緻，演奏高音時不會過於尖銳而是溫柔的音色，另外我擔任翻譯的廠商賣的是銅管樂器，吸引許多樂手參觀、演奏，也欣賞到很多精彩演出，除了展區，亦有戶外舞臺每天提供音樂演出。

這份翻譯的工作，利用自己三年多所學，又能參加夢寐以求的樂器展，無論是德英介紹翻譯、與不同國家的人互動、認識新的樂器、參觀展場，我都覺得很有趣，很喜歡這份工作，更見識到法蘭克福這個城市的繁榮風貌，法蘭克福展場像是個小型地球村，匯集了各國各個領域的人才，提供產業發光發熱的舞臺。

誕生憂鬱少年維特的桌子

不只現代與歷史並立，法蘭克福亦是德國名作家，歌德，這位德國文學重鎮，一七四九年出生於法蘭克福的一個富裕家庭，遺憾的是法蘭克福的歌德故居，在二戰時遭受波及，如今看到的故居是經過修復後的版本。房子有四層樓，一樓是擺有造型鍋具的廚房和餐廳，二樓則是洛可可風格沙龍和音樂室（裡面有台琴，可見歌德家族對於音樂的興趣），三層走廊上有精緻且還在運作的天文鐘和歌德誕生的房間、圖書館、畫廊，四樓就是歌德的房間，這間房間就是文學著作《少年維特的煩惱》、《浮士德》的誕生之處了，參觀簡單的

1 法蘭克福樂器展攤位
2 法蘭克福樂器展水晶鋼琴
3 歌德故居外觀

4

5

書桌及床鋪擺設，揣想著歌德就在此動筆寫下這些作品的畫面，也許，憂鬱的少年維特顫抖著拿著兩把槍，咬著唇縮在角落寫下訣別信；也許，魔鬼梅菲斯特由歌德的筆尖而生，接收了浮士德的靈魂也躲進了歌德的腦海裡，另外還有一間木偶劇房間，據說歌德與妹妹經常在這裡自編自演木偶劇玩耍，那麼歌德筆下的這些人物，是否也來自這些木偶呢？

歌德故居旁即為歌德博物館，一八九七年開館，展示與歌德同時期的繪畫作品，亦有許多為歌德作品人物所描繪的畫作，少年維特煩惱裡的夏綠蒂，浮士德裡的魔鬼等等，歌德筆下的人物，彷彿就齊聚在這間小小的博物館裡，也很值得參觀。

6

4 法蘭克福電車上有臺灣旅遊的宣傳
5 浮士德場景畫
6 歌德故居

INFO

旅遊資訊懶人包

Messe Frankfurt 法蘭克福展場

- Ludwig-Erhard-Anlage 1 ,60327 Frankfurt
- 搭乘城市區間車 3、4、5 號至 Messe Frankfurt 站
- 視展覽而定
- 視展覽而定

Frankfurter Romer 法蘭克福羅馬廣場

- Roemerberg 27,60311Frankfurt
- 搭乘地鐵 U4、U5 至 Dom 或者 Römer 站

Goethehaus und Goethe-Museum Frankfurt 歌德故居及博物館

- Am Salzhaus 1, 60311 Frankfurt am Main
- 搭乘地鐵 U1、U2、U3、U6、U7 至 Hauptwache 站，步行五分鐘即可抵達
- 週一到週六 10:00-18:00、週日 10:00-17:30（特殊節日調整開放時間）
- 全票 7 歐元、優待票 3 歐元
- goethehaus-frankfurt.de

Alte Oper 法蘭克福老歌劇院

- Opernplatz 1, 60313 Frankfurt am Main
- 搭乘地鐵 U6、U7 至 Alte Oper 站
- 視演出而定
- 視演出而定
- alteoper.de

1 法蘭克福路邊的裝置藝術
2 法蘭克福老歌劇院

心「德」筆記

1. 1944 年，法蘭克福羅馬廣場受到英國的轟炸，幾乎全毀，現在的羅馬廣場是經過重建的。
2. 法蘭克福老歌劇院是義大利文藝復興時期的建築，該建築亦受戰火波及，現在也是重建後的版本，每年上演三百多場歌劇或音樂演出。
3. 歐元中央銀行的歐元標誌是法蘭克福作為一個金融中心的代表，吸引各地旅人前來拍照、朝聖，由中央車站步行可至。
4. 美茵河畔是法蘭克福有名的博物館岸，二十幾間各式各樣的博物館三天三夜也看不完，不過大部分博物館週一休館，參觀前最好留意開放時間。
5. 每年 8 月的最後一週是法蘭克福博物館週，博物館愛好者可別錯過了。

美茵河畔

我的心
遺失在海德堡

觀光客、城堡、高材生

景點推薦指數
❤❤❤❤

不負責任評價

來德國觀光，怎麼能忘記海德堡呢？觀光客、城堡、高材生構成了這個既觀光又良好保持著中世紀風貌的城市，來海德堡，也許找到的不只是浪漫，還有歌德不小心遺失在這裡的那顆心。

海德堡城堡

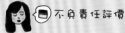

幸好攀爬哲學家之道的努力沒有白費，
老橋與城堡的美麗風景盡收眼底

2

「我的心遺失在海德堡。」德國大文豪歌德曾經這麼說過。拜訪海德堡後，不得不承認我的心也在這個美麗城市走丟了。

公主的路、哲學家的路

Karl-Theodor-Brücke 是海德堡的老橋 Alte Brücke 的正式名稱，最初的橋梁建於古羅馬時期，不過，原始的橋梁壽命並不算長，歲月的洗刷，加上冰凍或洪水的外力破壞，歷經幾次重建，現在的橋梁興建於一七八八年，今天我們走的這座老橋雖然沒有羅馬人的足跡，卻可以在橋上欣賞到羅馬人看過的城堡及內卡河美景，因此，海德堡老橋總是擠滿來自世界各地，拿著單眼

1 哲學家之道的漫漫長路
2 海德堡老橋

3

與自拍棒的觀光客，這樣文化大熔「橋」的情況，似乎是海德堡的另類風景，老橋南側的橋門則是中世紀建築，追隨著中世紀公主的馬車，從橋的起點出發，走些山路就能抵達城堡。

往城堡反方向步行，就可以來到著名的Philosophenweg哲學家之道，歌德、布倫塔諾、艾辛多夫都曾在此散步而得到靈感，想感受哲學家的氛圍，首先要挑戰一個蜿蜒而陡峭的蛇坡，以及穿過樹叢和避開一大堆蜂群後才會抵達，攀爬哲學家之道的我並沒有得到任何靈感，但是哲學家之道的確是個欣賞風景的好地方，有人說，在這裡，能看見最美的海德堡，不過「欲窮千里目，更上一層樓」，想要受到啟發、看到美麗的明信片場景勢必要付出一些代價的。

3 夕陽西下，是海德堡城堡最美的時刻，粉橘色渲染的天空，偷走了歌德的心，也偷走你的心了嗎？

1

海德堡城堡

海德堡城堡興建於十三世紀，花費了四百多年才完工，城堡內部結構複雜，有防禦也有居住的功能。遺憾的是，十七世紀初，海德堡因捲入三十年戰爭受到嚴重的破壞，法軍在一六八九年法爾茨繼承戰爭中占領了海德堡，並先後兩次（一六八九年和一六九三年）重創它，每每看到因戰爭被破壞的城堡，都會覺得怎麼有人捨得破壞這樣美好的建築物，至今，海德堡城堡仍有部分未重建的殘垣斷壁。

從古至今，有多少顆炙熱的心，被遺忘在海德堡，編織了多少浪漫的夢呢？黃昏的夕陽下，在城堡花園可以欣賞城堡殘骸以及俯瞰整個城市，真是再浪漫不過的一個場景，也難怪海德堡是一個國際觀光重鎮。

1 學生監獄牆上，畫滿了當時學生「到此一遊」的個人側象和簽名

高材生也愛搗蛋

海德堡大學是世界著名大學之一，也是德國最古老的大學，美麗的城市孕育出良好的學習氛圍，培養了無數的高材生，不過，高材生裡，也有些搗蛋鬼，針對違反校規的學生，當時校方都會把他們依照罪刑關進Studenten Karzer學生監獄，這個監獄一直到二十世紀初，因為第一次世界大戰停止使用，當時「學生犯人」的罪刑五花八門，根據文獻，從夜間狂歡到把鄰居家的豬嚇跑的罪刑都有，然而，蹲在監獄並不是件有趣的事情，很多學生會在牆上作畫，打發時間，這些「學生犯人」使用炭在牆上書寫自己的心情及諷刺學校，也許這樣遠不及嚇跑鄰居家的豬來的有趣，「學生犯人」只好請他們的朋友從監獄外偷渡更多顏料，牆上充滿了各種顏色的激動文字，像是斗大卻看起來不太誠懇的「喔！我沒有錯！」以及各式各樣頭像（也許想把自己畫上去，留名在這個監獄吧！），到後來，「進監獄」就成了當時海德堡學生最難忘的回憶了，住在裡面的學生很自得其樂，還會替每一間牢房取名，親朋好友也會帶美食來「監獄」探望他們，現在，學生監獄變成了海德堡著名的景點，學生當時隨意的塗鴉被烤漆保存下來，還要收取參觀門票，不得不說學校很有生意頭腦，利用這些調皮學生大賺觀光財，而那些在監獄牆上留名的學生，這下子後悔了吧！

2 學生監獄暨大學紀念品的招牌

3 遙想多少「學生犯人」在此度過了多少個有塗鴉、有歡笑的夜

INFO

旅遊資訊懶人包

MKarl-Theodor-Brucke 海德堡老橋

Am Hackteufel, 69117 Heidelberg

車站出發沿著主街步行十幾分鐘即可抵達／搭乘公車到 Universitaetspaltz 步行幾分鐘至老橋／乘坐 35 號公車至 Alte Brücke 站下車

Schloss Heidelberg 海德堡城堡

Schlosshof 1，69117 Heidelberg

到城堡有兩個不同的交通方式可以選擇：

懶人就要搭纜車：乘坐 RNV33 公車至 Bergbahn 搭乘 Bergbahn 登山纜車，Schloss（Castle）即為城堡所在位置（當然亦可搭至最後一站欣賞風景）。

勤勞的旅人愛爬山：火車站搭公車或電車（班次眾多）在 Bismark Platz 俾斯麥廣場下車，步行（或搭乘公車到 Universitaetspaltz ／ 35 號公車到 Alte Brücke）至老橋，由此出發步行約十五分鐘即可抵達城堡，沿途有指標與大量遊客不用擔心迷路。

海德堡城堡：每日 08:00-18:00（17:30 最後入場、特定節日調整開放時間）

藥學博物館：4 月至 10 月：每日 10:00-18:00（17:40 最後入場）／ 11 月至 3 月：每日 10:00-17:30（17:10 最後入場、特定節日調整開放時間）

城堡聯票：（Bergbahn 纜車、Schlosshof 城堡庭院、Großes Fass 大酒桶、Deutsches Apothekenmuseum 藥學博物館）一般票 7 歐元、優待票 4 歐元

語音導覽：5 歐元

城堡花園：免費參觀

登山纜車網址：www.bergbahn-heidelberg.de　　海德堡城堡官網：www.schloss-heidelberg.de/

Philosophenweg 哲學家之道

Philosophenweg, 69120 Heidelberg

有由東西入口開始的兩種方式，差別是坡路與階梯路

西入口：火車站搭公車或電車（班次眾多）在俾斯麥廣場下車，步行（或搭乘公車到 Universitaetspaltz ／ 35 號公車到 Alte Brücke）至老橋後一直走到 Ladenburgerstraße 右轉，沿路有標示及許多追隨哲學家的路人不用擔心迷路（此路為坡路）。

東入口：同上述方式，從老橋走過內卡河，並穿過 Neuheimer Landstraße 後，（或是搭乘 34 號公車，在 Alte Br Nord 下車）沿著 Schlangenweg 蛇徑的山間階梯上山。

Studentenkarzer 學生監獄

Augustinergasse 2, 69117 Heidelberg（Alte Universität 老大學內）

搭乘公車至 Universitaetspaltz 步行三分鐘可抵達

4 月至 10 月：週二至週日 10:00-18:00 ／ 11 月至 3 月：週二至週六 10:00-16:00

3 歐元、優待票 2.5 歐元

uni-heidelberg.de/institutions/museums/index.html

◎周邊順「吃」

KOI 日本料理吃到飽

德國餐廳價格都不便宜，13 歐元左右能夠吃到飽真的很划算，餐廳採用平板點餐的有趣方式，料理都不錯吃，德國老饕也時常光顧呢！

Hauptstr. 105, 69117 Heidelberg

火車站搭公車或電車（班次眾多）在俾斯麥廣場 Bismark Platz 下車，步行即可抵達

每日 11:30-23:00

中午吃到飽每人 13.8 歐元、晚間、週日及特殊節日吃到飽每人 24.8 歐元

ikoisushi.de

La Fée Bar Café

現做蛋糕很好吃的咖啡館，是午後浪漫約會以及晚上與朋友小酌的好去處。

Untere Str. 29, 69117 Heidelberg

車站出發沿著主街步行十幾分鐘即可抵達／搭乘公車到 Universitaetspaltz 步行幾分鐘可抵達／乘坐 35 號公車至 Alte Brücke 站下車步行幾分鐘可以抵達

週一至週三 11:00-00:00 ／週四 11:00-01:00 ／周五至周六 11:00-03:00 ／週日 11:00-20:00

lafee-heidelberg.com

心「德」筆記

1. 注意看看老橋的橋梁，上面還刻有上次嚴重淹水的水位。
2. 哲學家之道看不到任何的哲學家，能不能得到靈感則看個人造化，看不看得到美麗風景要看氣象預報，但如果你喜歡健走，或你是歌德、布倫塔諾、艾辛多夫等人的小粉絲，那就去爬吧！也許會有意想不到的收穫（運氣好的話，可以捕捉到正在創作或看書的野生高顏值德國文青）。
3. 要不要搭纜車上城堡，看個人體力，我覺得海德堡城堡已經是德國城堡裡「較容易抵達的城堡」了，而沿途的美景絕對不是搭纜車能媲美的。
4. 幾個關於海德堡城堡的傳説：城堡內的大酒桶是當時德國最大的酒桶，大到可以在上面開舞會跳舞；城堡外的腳印是城堡失火時騎士跳下來留下的，據説該名騎士神奇的毫髮無傷；城門手環上有一個裂縫，傳説是巫婆咬的。
5. 如果你想學習德文髒話，學生監獄的牆壁大概是你的最佳教材。
6. 學生監獄入口售票的紀念品店可以買到海德堡大學官方紀念品，沒讀到海德堡沒關係，穿上海德堡帽 T，智慧值 +10 ！
7. 老橋大門旁有一座猴子雕塑，象徵虛榮與醜陋，不過據説，摸猴子左手的銅鏡，會帶來好運；摸猴子的右手手指，則是再度重回海德堡之意。猴子旁的銅鼠，意有多子多孫的含意，因此，老橋前總排滿了想摸猴子和老鼠的遊客。
8. 許多遊客到哲學家之道會選擇由東入口出發，沿著蛇徑往上爬到哲學家之道的起點再沿路折返，據一名哲學家之道行走經驗豐富的朋友表示，這是最能看到風景又能最快下山的方法。
9. 想參觀海德堡城堡內部需事先預約，預約方式請詳見官方網站。
10. 學生監獄的門票為套票亦可參觀海德堡大學博物館、大學老禮堂，接受一日德式高等教育的洗禮，而大學老禮堂是海德堡畢業典禮舉辦之處，必須參觀！

1 老橋的橋梁亦記錄了重大淹水的水位刻度

2 路邊的雕像竟然有量身訂製的雨衣，如果學生監獄還在使用，會不會多一項「強迫雕像穿雨衣」的罪名呢？

烏爾姆大教堂

世界上最高的教堂

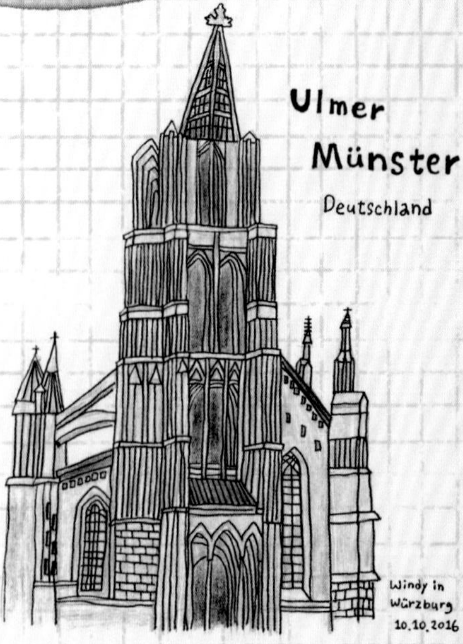

烏爾姆大教堂

景點推薦指數

❤❤❤❤

不負責任評價

烏爾姆也是一座步調悠閒、規模不算大的城市，世界最高的教堂、世界上最聰明的人、以及世界上最早的雕像都在這個看似平凡的小鎮。

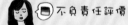

多瑙河畔

德國的教堂遍布甚廣，許多城市都有以教堂為中心的老城區，德國，不只有舉世聞名的科隆大教堂，還有世界上最高的教堂：烏爾姆大教堂。

這不是藍色多瑙河！

烏爾姆是德國南方一個小城市，位於多瑙河流域的範圍，在拜訪此地以前，沒見過多瑙河的我，對多瑙河的印象還停留在小約翰．史特勞斯的圓舞曲〈藍色多瑙河〉，拜訪烏爾姆之時正值初夏，散步到河邊，望著眼前湍急的土黃色河流，如同河邊慢跑的人，喘呼呼的奔著，要不是朋友興奮的說：「這就是多瑙河！」，我還無法相信，這就是記憶之中那條讓人想跳華爾滋的「藍色多瑙河」，也許是前陣子的大洪水使河水混濁，此次旅行就無緣見到藍色多瑙河了。

烏爾姆大教堂

高聳入雲的烏爾姆大教堂

與科隆大教堂一樣，烏爾姆大教堂也是歌德式建築，烏爾姆雖然比較高，論面積大小科隆還是略勝一籌，烏爾姆大教堂始建於一三七七年，值得一提的是，它原本和許多德國早期教堂一樣，屬於天主教教堂，但在馬丁路德宗教改革時期，烏爾姆大教堂也被改為新教教堂。教堂高一百六十一點五三公尺，共有七百六十八級台階，當然也提供遊客登塔的行程，除了可以俯瞰整個城市，據說天氣好時還能看到阿爾卑斯山，礙於天氣不佳，及「世界最高」的這個可怕頭銜，我就沒有去登塔了，但如果天氣體力允許，我想，登上世界最高的教堂應該會是很好的體驗。

烏爾姆大教堂在歷史上從未成為主教座堂，但有人說，教堂的高塔是與上帝溝通的橋梁，那麼，世界上最高的教堂是不是又離上帝更近了一點呢？

INFO

旅遊資訊懶人包

Ulmer Münster 烏爾姆大教堂

Münsterplatz 21 89073 Ulm

火車站前步行約五分鐘即可抵達

教堂：4 月至 9 月：09:00-19:00 ／ 10 月至 3 月：10:00-17:00
塔：4 月至 9 月：09:00-18:00（週一到週五）、10:00-18:00（週末及假日）／ 10 月：10:00-16:00 ／ 11 月至 1 月：10:00-15:45 ／ 2 月至 3 月：10:00-16:00（特定節日調整開放時間）

入場免費、登塔：成人 5 歐元、學生 3 歐元、7 歲以下免費

ulmer-muenster.de

Fischerviertel 漁人區

Fischerviertel, 89073 Ulm

火車站前搭乘 5 或 6 號公車至 Steinerne Brücke，或步行約五分鐘即可抵達

景點，全天候開放

免費

Museum Ulm 烏爾姆博物館

Marktplatz 9, 89073 Ulm

火車站出發步行約十分鐘即可抵達

週二到週日 11:00-17:00（特定節日調整開放時間）

成人 5 歐元、優待票 3.5 歐元

facebook.com ／ museumulm

1 烏爾姆大教堂內部
2 烏爾姆大教堂內有縮小版樂高模型
3 街道上的教堂模型

烏爾姆大教堂高聳入雲端，想要拍攝一整座教堂幾乎是項「不可能的任務」，教堂外，可見不少遊客拿著單眼相機，趴在地上取景，不滿意地搖搖頭後，轉身走向更遠處，再次趴下，繼續挑戰拍攝整座教堂，拿著相機的旅人一一拜倒在大教堂腳下，彷彿是崇拜著大教堂的雄偉，而城裡的紀念品店所販售的大教堂明信片，有些還幽默地畫下烏爾姆大教堂聳立於雲上的樣子。

幾百年來，高聳的烏爾姆大教堂默默看著這個城市，看著各種顏色的多瑙河（我還是期待它會找回華爾滋藍），教堂的信徒又從舊教變成新教，而這個城市，孕育了愛因斯坦這位偉大的科學家，也悄悄孕育著更多改寫歷史的人。

漁人區

心「德」筆記

1. 漁人區原是漁民與製革工人的聚落，故名為漁人區，此地保留了當時的木造老房、特色小橋，有如威尼斯的浪漫場景，吸引不少遊客駐足。
2. 烏爾姆整個城市有兩百多個麻雀雕像，傳說建造大教堂時，運來的木材無法通過狹小的城門，此時剛好一隻小麻雀把樹枝叼進了窩裡，提醒人們可以豎著運送木材，小麻雀不經意的行為立了大功，就變成烏爾姆到處都可以看見的吉祥物了。
3. 烏爾姆博物館收藏了全世界最早的雕像，人類的搖籃是非洲，那藝術的搖籃就是施瓦本汝拉山（多瑙河畔的山脈），因為在這裡發現了最早的雕像。
4. 火車站前有一座愛因斯坦紀念碑，上面刻有一段話：Hier stand das Haus in dem am 14 März 1879 Albeit Einstein zur Welt kam. 1879 年 3 月 14 日，愛因斯坦在此地的這間房子誕生。
5. 每年 7 月底，多瑙河畔會舉辦 Ulm Nabada 的活動，這是當地傳統的水上嘉年華，民眾會在多瑙河上划橡膠船同樂，若於此時拜訪烏爾姆，不妨共襄盛舉，感受一下德國的夏日狂歡慶典。

2

1

1 漁人區歪斜的旅舍
2 也許是給小矮人走的木門

橫跨三國的博登湖

這一片湛藍
是國與國之間的距離

景點推薦指數

❤❤❤❤

不負責任評價

看著海天一色的景色，心情也跟著遼闊，適合夏天悠閒下午前往的景點。

博登湖上的遊船

博登湖

湖先生與海小姐

博登湖橫跨了瑞士、奧地利和德國，由三國共同管理，是德語區最大的淡水湖，博登湖的德文Bodensee，Boden 邊界之意，see 在這裡則是湖的意思，大家都知道英文裡的See是海，德文的See卻可以當海也可以當湖，陽性的der See 是湖，陰性的die See 是海，真是讓人感受到德文的有趣與困難，不過最早的Boden 來源是古德文Bodan，據說是一位公爵的姓名，先有的是Bodan 這個城市，後來這個湖也因此而命名，最後就變成Bodensee了。

想偷喝一口博登湖水

從阿爾卑斯山發源的萊茵河流入博登湖，形成一座天然儲水庫，湖泊的顏色，是看了就會想撈起來喝的清澈藍綠色，天然的環境加上宜人的天氣，造就了這個極佳的遊覽和療養勝地，沿岸有許多觀光小鎮、露營勝地，無論你是喜歡水上運動、遠足，或者騎單車的運動選手，還是跟我一樣只喜歡曬太陽拍拍照，都會愛上這個一望無垠、海天同色的湖泊。

而這樣湛藍的畫面中，一個「自轉」的巨大女子雕像突兀的站在湖泊旁，吸引眾人的目光，雕像的名字叫Imperia，一四一四年的宗教大會，康斯坦茲湧入大量權貴及外地人士，其中竟然還包括三千名妓女，之後居民根據巴爾扎克的短篇小說《La belle Imperia》，設計了一尊妓女雕像，這篇小說描述的就是妓女在會議期間穿梭於權貴間的故事，雕像的左手托著教皇，右手托著皇帝，暗諷當時的政權與皇權。

海天一色的博登湖沿岸，雕像的樣貌更顯鮮明，讓人除了感受自然風景的美好，也難忘過去的歷史黑暗面。

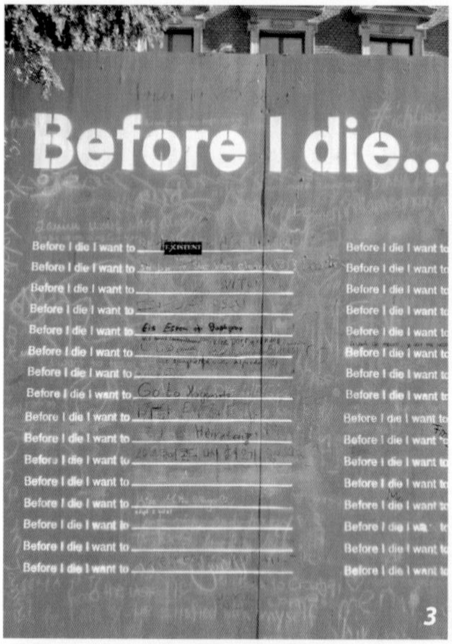

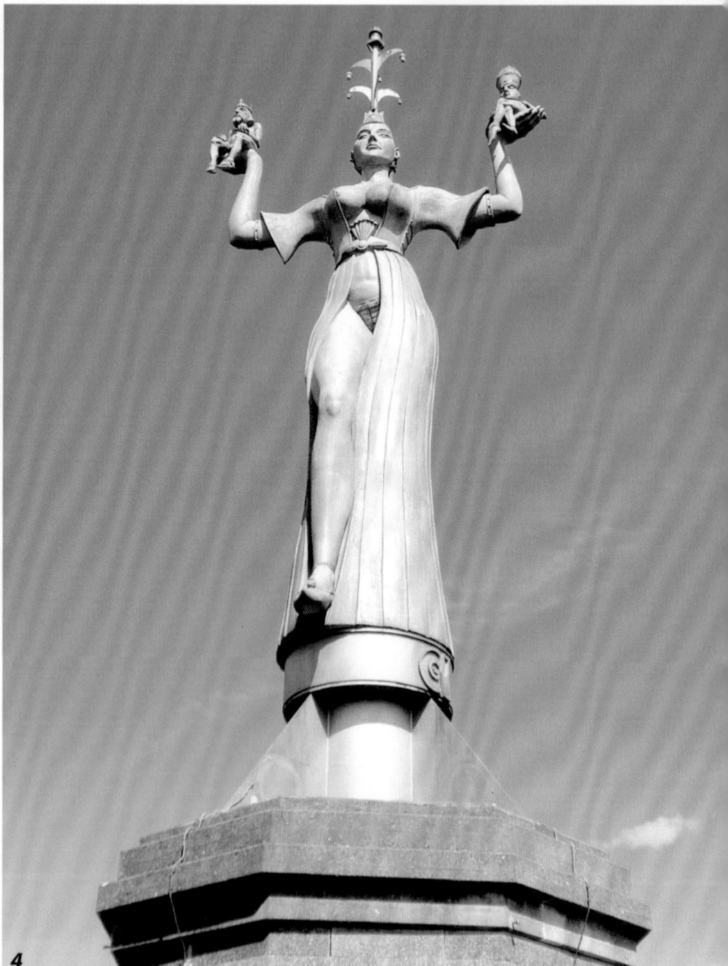

1 博登湖畔散步行人
2 博登湖畔鴿子
3 Before I die 黑板
4 *Imperia* 雕像
5 康斯坦茲的五月柱裝飾

觀光客式的拍照方式

Before I die

我選擇 Konstanz 康斯坦茲這個城市，做為欣賞博登湖的起點。康斯坦茲是個讓人感受很悠閒的城市，穿過火車站，映入眼簾的是一面面可以自由書寫的黑板，黑板上印有斗大的 Before I die（在我死之前）這個字樣，看過湛藍的博登湖，我誇張地覺得有不虛此生之感，Before I die，博登湖一定也必須列在死前必看的清單之一，主題底下還有線條，讓造訪此城的人可以自由填寫，而看著旁邊偌大的空白黑板，拿起旁邊的粉筆，我亦很觀光客地寫下了「到此一遊」，康斯坦茲規模不大，卻是博登湖沿岸最大的城市（可見其他沿岸城市有多小），傳說古羅馬皇帝康士坦丁曾看上這個地方，並在此建立要塞，又傳說二戰時期，康斯坦茲躲過戰爭轟炸，竟然是因為全城燈火通明，敵人無法分辨國界，只好放過這個城市一馬。

利用一個下午的時間在康斯坦茲的博登湖停留，對我來說最最傳奇的事情並不是絕美的湖水、詭異的傳說，而是誤搭前往瑞士的德鐵，在雨天的瑞士小鎮膽顫心驚藏好手裡的邦票，搭上對的火車後，又因為鐵路故障被丟包在名不見經傳的小鎮，擠上沙丁魚公車，終於抵達康斯坦

INFO

旅遊資訊懶人包

Bodensee 博登湖

有許多城市都可以欣賞到此湖，若要從康斯坦茲欣賞，可搭乘火車至康斯坦茲火車站，步行五分鐘可至

bodensee.de

Imperia 因佩利亞雕像

Hafenstraße, 78462

康斯坦茲火車站出發步行五分鐘即可抵達

博登湖的船隻

茲，看到在太陽底下閃爍的博登湖莫名受到感動，買了一歐元冰淇淋與朋友笑說這段荒唐的故事，最後再努力擠上接駁車，向這夢境般的湖泊之城道別。

別人的博登湖也許有點夢幻，但經歷了一趟德鐵驚魂記（詳見第199頁），提到博登湖，我會說：「他」真是一個荒唐的湖泊。（註：博登湖的See是陽性，指的是湖泊，方便大家記憶，就以「他」來稱呼囉！）

心「德」筆記

1. 博登湖沿岸亦有古色古香的 Meersburg 梅爾斯堡、鮮花盛開的 Mainau 麥瑙島等城市，時間充裕的話，可以去這些小島看看。
2. 博登湖亦可購票遊湖，停靠各沿岸小島，或可以選擇承租自行車遊湖。

烏茲堡主教宮

到花園裡聽音樂會
是一種全民運動

景點推薦指數

❤❤❤❤❤

不負責任評價

烏茲堡沒有其他觀光大城有名，觀光氣氛息較少，不過值得一看的景點絕對沒有比較少，浪漫大道的起點當之無愧。

烏茲堡主教宮

俯視烏茲堡風景

尋找浪漫，從這裡開始

烏茲堡是德國浪漫大道的起點，現為有名的觀光路線，在中古時代則是一條通往羅馬的貿易路線，浪漫大道乘載了精彩的歐洲中古歷史、藝術、文化以及人們對於浪漫的想像，從烏茲堡出發，終點是以新天鵝堡聞名世界的富森，對於浪漫有著過多想像的我，選擇了在浪漫大道起點的大學交換，而烏茲堡主教宮，做為一個浪漫大道的起點，可說是名符其實。

拿破侖認證之「歐洲最美的主教宮邸」

剛抵達德國那個週末，和新朋友決定去主教宮參觀，見識一下浪漫大道到底可以多浪漫，早上十點多，主教宮門口已經出現排隊的人潮，在烈日下等了將近四十分鐘方才購票入場。一七一九年，當時德國最知名的巴洛克建築大師 Balthasar Neumann 設計興建了主教宮，集結各地最頂尖的建築藝術家，花費六十年才打造完成這座典型巴洛克式建築，亦是德國三大巴洛克式建築代表之一，踏上鋪有紅地毯的樓梯，彷彿這一刻的自己就是皇室貴族，宮殿內裝飾布置是華麗的洛可可式風格，無一處的人像雕刻不生動細膩，細膩到每一個人物都有浮誇的表情，就連水晶燈的水晶顏色也相當講究，房間皆為藝術家精心設計，有著不同的風格特色，我很欣賞它不同材質拼接的手法，像是壁畫中有部分鑲嵌了立體的雕像，頗具巧思，主教宮總共有三百多間房間，其中的鏡廳是我最有印象的一間，房間顧名思義由鏡子組成，從牆壁到天花板，大大小小的鏡子，加上華麗的金邊以及異國的畫像及雕像，讓所有遊客走進去驚嘆連連，參觀活動接近尾聲，出口前的牆上擺著一張張戰後場景照以及重建的說明，二戰時期，主教宮亦被無情的戰火

波及，幸好工藝高超的建築師，戰後重整宮殿，參觀的旅客走過幾乎察覺不出宮殿受破壞的痕跡，而出口前的戰爭照，提醒著後人戰火的無情，莫忘歷史教訓。

拿破侖曾稱主教宮是歐洲最美的主教宮邸，現在我也相信了。

城堡花園裡的音樂會

浪漫大道的起點，吸引人的不只是城市風貌，主教宮華美的樣貌是她華麗的外殼，她的音樂與藝術氣息更是所謂「浪漫」的精神，街頭音樂節輕鬆活潑，

1 主教宮
2 街頭音樂節
3 莫札特音樂節在主教宮花園舉辦的音樂會
4 主教宮花園

舊美茵橋

老街上，樂手與街頭音樂家用音符點綴了整個城市的美麗；巴哈音樂節莊重嚴肅，教堂裡，上演了一場還原度極高的〈馬太受難曲〉，而夏季的莫札特節更吸引來自各地的一流樂手及樂迷，一系列的音樂會中，又以在主教宮皇帝宴客廳（莫札特本人真的在這裡發表過樂曲作品）及主教宮花園的音樂會最為有名，在不同的季節欣賞不同的音樂，是城市生活的一大享受。

在花園裡聽音樂會聽起來有夠浪漫！主教宮內部的精細雕刻讓人讚嘆，其花園在夏天更是開滿了五顏六色的花朵，每年莫札特節舉辦在此花園的音樂會，總是吸引了大批當地民眾與遊客，花園前，幾個臨時攤位販售著酒與麵包，不同於一般音樂會莊重氣氛，觀眾們一手拿著酒杯，邊走邊吃麵包，還自備了野餐墊或摺疊椅，挑選最佳觀賞位子坐了下來，讓人懷疑是否跑錯地方，來參加的是園遊會，不是音樂會。

九點鐘一到，布拉格室內樂團成員接受「整個花園」的掌聲，依序入場就坐，指揮手一揮，開始演奏樂曲，原本鬧哄哄的花園也頓時安靜，有些人認真地凝視樂團、聆聽音樂；有些人則悠閒地躺臥在草地上、享受音樂，音樂會的曲風多較輕快，其中當然少不了我們耳熟能詳的小夜曲，群花圍繞的自然氛圍，配上溫柔的月光，讓人陶醉，不同於較為莊嚴的室內音樂會，無論有沒有學習或欣賞過古典樂，觀眾都能在這樣的氣氛下，單純地體驗音樂的美好。

到德國交換，不只為了學習語言，到處旅行，體驗德國生活更為重要，十二個月分裡，皆有不同的城市活動可以體驗，莫札特節有傳統專業的音樂會，給樂手舞臺、提供樂迷朝聖，更有花園音樂會，讓所有民眾都能以輕鬆愉快的方式，享受音樂、享受生活。

心「德」筆記

1. 9 月有街頭音樂節、11 月有巴哈音樂節、12 月有聖誕市集、7 月有莫札特節，烏茲堡四季皆適合觀光，來這個城市，建議可以多留意藝文消息，參與這些活動。
2. 烏茲堡的電車和公車皆由兒童錄音報站，不同於其他城市沉穩的女人報站聲，非常活潑可愛。
3. 市中心的舊美茵橋，位於美茵河上，是當地著名的老橋，橋以十二位聖人雕像聞名，每個都有自己的特色和活潑的動作，與布拉格查理大橋很相似，又被稱作「小查理大橋」，天氣好的時候，許多德國人喜歡拿著酒杯與食物，和三五好友在橋上談天，欣賞美茵河畔風光。
4. 主教宮參觀人數不少，建議可以提早去現場排隊，另外宮殿內有定時提供德文和英文導覽，導覽講得很精彩詳細，跟著導覽走才能參觀到一些特別房間。
5. 整個城市的景點大多在步行二十分鐘內的距離（山上的城堡除外），在城市裡散步觀光，省錢又愜意。
6. 莫札特音樂節的門票通常非常搶手，最好事先至官方網站訂購（mozartfest-wuerzburg.de）。

在橋上與雕像一起野餐

INFO

旅遊資訊懶人包

Würzburger Residenz 烏茲堡主教宮

- Residenzplatz 2, 97070 Würzburg
- 4 至 10 月：09:00-18:00 ／ 11 至 3 月：10:00-16:30。（特定節日公休、調整開放時間）
- 全票 7.5 歐元、優待票 6.5 歐元，教堂與花園免費參觀
- 搭乘 12、14、20、28 號公車至 Mainfranken-Theater
- residenz-wuerzburg.de

Alte Mainbrücke 舊美茵橋

- Alte Mainbrücke, 97082 Würzburg
- 搭乘電車至 Dom 站

烏茲堡民俗節：基利安大眾節

我的城市變遊樂園了

Würzburg
Kilianifest
Deutschland

景點推薦指數
❤❤❤❤

不負責任評價

在一個城市旅遊，參與當地生活、了解當地文化也是很重要的，城市變成遊樂園更是一種難忘的體驗，7月若造訪烏茲堡，千萬不要錯過了。

民俗節的造型雲霄飛車

1

慶祝的季節

　　基利安大眾節是烏茲堡地區一個傳統節日，為了紀念此地的守護神，主教基利安舉辦的一系列活動，每年七月，為期兩週，整個城市充滿了歡樂的慶祝氣氛。

　　為節慶揭開序幕的是遊行，穿上傳統服飾的遊行者與樂隊會繞著城市行走，與行人一起祝賀，當天，Talavera（城市裡時常舉辦活動的空地）會開始啟用

2

1、2 瑪麗恩堡要塞

遊樂設施，摩天輪、雲霄飛車等遊樂園常見的設施當然少不了，不用去遊樂園了，我的城市就在一夕之間變成遊樂園，晚上還會施放煙火，告訴所有居民，慶祝的季節到囉！

到了瑪麗恩堡要塞，幸運地遇到穿著傳統服飾的樂隊，繞著城堡演奏德國傳統歌謠，他們在

1 民俗節的遊樂設施：摩天輪
2 民俗節的其他遊樂設施

城堡邊停留，許多民眾也聚集了過來，一問之下，才知道十二點整要開始在城堡鳴槍，也是節慶的重頭戲之一，城堡另一邊的旗手一揮旗，槍手開始對空鳴槍，還傳來了回音，表演完畢，又繞了城堡走一圈，正當我讚嘆樂手的樂器那麼重，還要爬山實在厲害，他們就默默轉向城堡旁邊的停車場了，也對，空手爬山都不是一件輕鬆的事了，怎麼可能背個低音號還是大鼓一起上山呢！

我的城市也有遊樂園

下了山，我們來到遊樂園區，基本上與臺灣的夜市有大概七分像，連射擊換獎品、棉花糖等小吃攤都少不了，當然，德國一定不能沒有酒，遊樂園區也搭建了一區規模不小的啤酒屋，整個園區入場不用門票，想玩遊樂設施就額外購買使用券，設施種類很多，從簡單兒童的小火車，到非常刺激的三百六十度旋轉以及雲霄飛車都有，首先，先來挑

1 樂團在瑪麗恩堡要塞的遊行演出
2 啤酒屋
3 橋邊看見的要塞美景

戰仙女散花（空中鞦韆的概念），搭上鞦韆就能完整看到整個遊樂園，不過，它越轉越快，到我都有點暈了還沒轉完，只能說這個三歐元花的有點值得啊！

幾天後，與美國同學聊天，她問我怎麼沒去玩看看三百六十度旋轉，刺激又能欣賞整個城市的風景，很值得去挑戰看看，我一直把這句話放在心底，適逢期末考週，想著沒有玩到這項遊樂設施就要離開這個城市，可能會很遺憾（又或者只是讀書讀到煩了），考前一天，獨自來到遊樂

1 民俗節的遊樂設施：仙女散花
2 最接近雲端的 360 度旋轉
3 長得有點詭異的鬼屋

園，先被鬼屋的排隊人潮吸引，因為很好奇德國的鬼屋是不是跟臺灣不一樣，也加入了排隊隊伍，不過，鬼屋有點讓我失望，鬼長得實在太親切，除了被南瓜機器人吐口水以外，沒有其他更可怕的地方了。

後來，我把目標放在三百六十度旋轉，這個號稱全區最刺激又有極佳視野的遊樂設施，圍觀的群眾遠比入場挑戰的還多，我看著它轉了三圈後，下定決心接受挑戰，當我坐上椅子，發現「不對！這一排怎麼只有我！」的那個瞬間，就被員工無情地推向天空了，在空中我看到整個城市的風景，轉了一圈便倒過來了，腳下踩著天空，頭頂著遠處的葡萄園，聽見對面的挑戰者不停尖叫，地面上的群眾表情看起來比我還害怕，這也算是很有趣的體驗，當下突然有一種離開這麼美的城市一定會很捨不得的感覺。（當然，後來頭暈了一個晚上又是另外一回事了。）

烏茲堡這個城市裡有不下十五座教堂，它們大多集中在 Marktplaz 市集廣場一帶，可見宗教之於這個城市的重要，不過在這裡，宗教給人的感覺不只是莊嚴，也有慶祝與歡愉，無論是大教堂裡的管風琴音樂會、紀念主教的街頭遊行、民俗節的慶祝活動，城市的文化生活，都是我欣賞德國的地方，就像在忙碌的生活中，安排了許多讓人期待的事情，當城市在一夕間變成遊樂園，你能不快樂嗎？

INFO

旅遊資訊懶人包

基利安大眾節 Kiliani-Volksfest
- Talavera,97082 Würzburg
- 搭乘 4 號電車至 Talavera 站
- 各攤位時間不一，每年大眾節開始時間請至官網查詢
- 免費入場
- wuerzburg.de/de/veranstaltungskalender/events-termine/kilianivolksfest/index.html

瑪麗恩堡要塞 Festung Marienberg
- Festung Marienberg, 97082
- 過老橋後，沿著指示步行上山，約十五分鐘可以抵達，或搭乘九號公車抵達（限夏季，且車次不多）
- 4 月至 10 月：週二到週日 09:00-18:00、週一公休（冬季城堡博物館公休、特定節日調整開放時間）
- 博物館全票 4.5 歐元、優待票 3.5 歐元，花園免費
- schloesser.bayern.de/deutsch/schloss/objekte/wu_fest.htm

聖基利安大教堂 Würzburger Dom St Kilian
- Domstraße 43, 97070 Würzburg
- 搭乘電車至 Dom 站
- 復活節至 10 月：週一至週六 10:00-17:00，週日 13:00-18:00／11 月至次年復活節：週一至週六 10:00-12:00，14:00-17:00，週日 13:00-18:00
- 免費參觀
- dom-wuerzburg.de

心「德」筆記

1. 聖基利安大教堂是德國中世紀羅馬式建築的代表之一，教堂內的裝飾則是巴洛克式，圓拱式屋頂、華麗的裝飾、歌德式的石雕以及主教的墓碑等，蠻值得一看的。
2. 瑪麗恩堡要塞的牆邊可以拍到整個城市最美的風景，秋天前往，則能看見葡萄園，攀爬到要塞城堡不太輕鬆，可是看到美景非常值得。
3. 民俗節的 360 度旋轉絕對值得挑戰，不但驚險刺激，而且整個城市的美景又能盡收眼底，挑戰完畢會收到周圍群眾崇拜的目光。
4. 瑪麗恩堡要塞部分建築物需跟團才能入場參觀，跟團參觀資訊可以到一進門的旅遊中心洽詢。
5. Talavera 這個空地也辦過市集、非洲音樂節等活動，到烏茲堡前查詢一下相關資訊，避免錯過精彩活動喔！

1、*2* 聖基利安大教堂

羅騰堡

最可怕的博物館
在最可愛的德國小鎮

羅騰堡的胡桃鉗娃娃

景點推薦指數

❤❤❤❤❤

不負責任評價

想體驗中世紀氛圍，一定要來羅騰堡，到羅騰堡的火車就像時光機，載著我們回到中世紀某一年的聖誕節，遊覽羅騰堡就像走進了一本童話故事書。

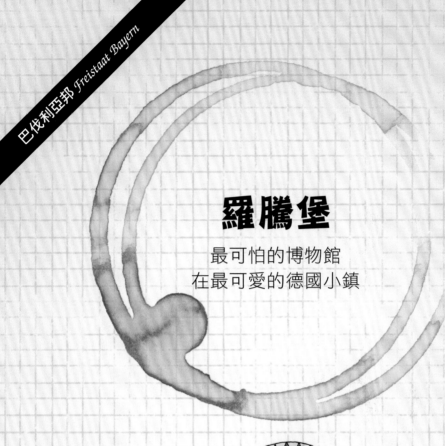

城牆裡的羅騰堡

陶伯河上的紅色城堡

羅騰堡是一個可愛又有特色的德國小鎮，又被稱作「中世紀珍寶」，德文全名則是 Rothenburg oberhalb der Tauber，意為陶伯河上的紅色城堡，名字的由來是小鎮裡處處可見的紅色屋頂，（以下簡稱 Rothenburg oberhalb der Tauber 為羅騰堡），羅騰堡古老的城牆包圍整個中世紀樣貌的城市，讓人首先聯想到的不是童話故事，而是日本動畫「進擊的巨人」，高聳的城牆、中世紀的平房，不禁揣想，城牆外是否躲著隨時都會失控攻擊小鎮居民的巨人呢？

其實「進擊的巨人」城市原型也是參考了德國小鎮 Nördlingen，該城位於德國浪漫大道，雖然沒有參觀過，其中世紀風貌我想應該和羅騰堡很相似。

除了城牆與紅屋頂矮房這些中世紀城市的特色，羅騰堡的招牌也很值得一看，每個招牌都經過特別設計，這是什麼店？看招牌就知道，藥局的招牌就是一條蛇和酒碗，大概就是古代巫婆製藥的材料了。

1 旅店的招牌
2 過城門，就走進童話故事般的羅騰堡老街區
3 藥局的招牌

豪飲拯救小鎮

中古世紀的城市，當然有各式各樣古老的小故事，「Meistertrunk 勝負一飲」就是最著名的故事之一，三十年戰爭期間，羅騰堡因為支持新教，受到舊教陣營的攻擊，舊教軍團首領 Tilly 提利宣布：如果有人能夠一口氣喝完三點二五公升的葡萄酒，他們就撤退，市長 Nusch 納許為拯救羅騰堡，決定接受他的挑戰，取下酒杯，一飲而盡，敵軍也遵守承諾，不攻擊羅騰堡，市長豪飲拯救小鎮的事蹟流傳至今，市議會飲酒廳的牆上還有這個故事的紀念時鐘，每天整點鐘一敲，Tilly 與 Nusch 便像咕咕鐘的鳥一樣準時出場報時，只見右邊窗戶裡的市長拿起酒杯開始喝，而左方敵軍則瞪大眼睛看著，到羅騰堡旅遊，可千萬別錯過整點的「勝負一飲」，幾百年過去了，每個整點依然吸引不少人聚集在市議會樓下，期待咕咕鐘的演出，就如同三十年戰爭期間，圍觀這場挑戰、為市長喝采的小鎮居民。

1

除了整點的鐘，羅騰堡亦有一年一度的勝負一飲節，當地居民會演出勝負一飲的話劇，紀念這位豪飲的市長。

到刑罰博物館過萬聖節

到羅騰堡旅遊的那天剛好是萬聖節，不過這個城市卻充滿了聖誕節的氣氛，羅騰堡有一年四季都開張的聖誕商店和聖誕博物館，刑罰博物館大概是整個城市唯一有萬聖節氣氛的地方了。

刑罰博物館是德國唯一一座兼法律歷史博物館，館藏相當豐富，中世紀歐洲犯罪刑罰刑具、法律及歷史書籍、就連尚方寶劍都少不了，這裡刑具應有盡有，還搭配了德、英、日語文字說明和圖片示意（羅騰堡也是日本遊客最喜歡的德國城市之一），看完詳細的說明後，感覺中古世紀刑罰的畫面就出現在眼前，甚至可以想像被刑具處罰的痛苦。

許多刑具的設計也很具有巧思，甚至能從中判斷出犯人的罪刑，例如散布謠言的長舌婦就要戴上舌頭很長的「鬼臉羞辱面具」，上街示眾，受人嘲笑；行為像豬的人就要戴上「豬頭面具」，藉此告誡犯人要注意行為舉止，還有酗酒成性的人會被裝進大酒桶、演奏得很差勁的音樂家會被囚禁於小提琴造型的囚具、調皮的小朋友要坐在一個教室中央的木馬上接受同學羞辱、有著不名譽罪的人會被用喇叭造型的刑具套住手指，這些令人啼笑皆非的罪行與刑罰方式，或許讓現在的我們感到十分荒謬，不

過，中世紀時期要汙衊一個人，大概什麼都可以是理由。

笑著看完這些荒唐的刑具後，接著參觀死刑刑具展示區，頓時，胸口一沉，再也笑不出來了，展示在這裡的殘忍刑具，據說每一個都曾經使用過，羅騰堡處處都是可愛古老的招牌及房屋，刑罰博物館可說是一個非常矛盾但是又不得不造訪的景點，最可怕的博物館竟然就在最可愛的德國小鎮。

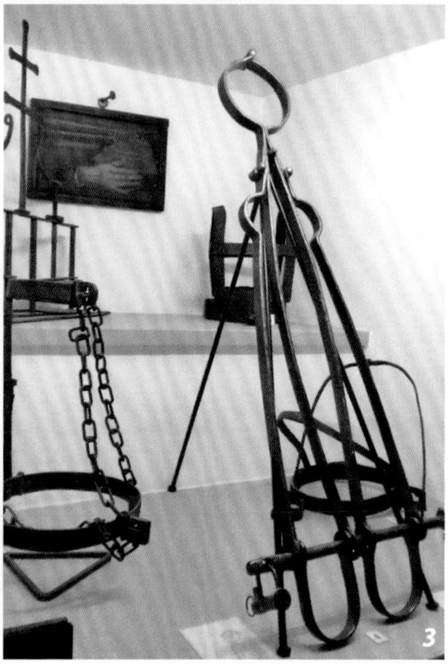

1 勝負一飲的紀念時鐘
2 刑罰博物館的入口就擺有嚇人的刑具
3、*4* 可怕的刑具

羅騰堡大概是童話故事裡的小鎮範本

羅騰堡，每天都是聖誕節

轉換一下心情，來體驗一下羅騰堡的聖誕氛圍，羅騰堡的聖誕村總店，一年四季專門販售聖誕商品，夢幻的燈光配著聖誕音樂，閃爍的聖誕裝飾，從水晶天使到慈祥的聖誕老人玩偶，點亮了每位顧客的好心情，彷彿整間店的時間就被停在十二月二十五日了，聖誕村裡藏有一間聖誕節博物館，主要介紹聖誕節與聖誕裝飾詳細的歷史，例如聖誕樹大約起源於一四〇〇年、交換禮物在十九世紀開始流行，只要是與聖誕節相關的歷史都有文獻記載，搭配古董裝飾（不過眼睛退色的天使蠻可怕的）及文字紀錄，參觀完一定會變成聖誕節專家！

不只是聖誕裝飾，羅騰堡亦出產玩具，街上到處可見玩具禮物店，有些還會擺設大型胡桃鉗娃娃、泰迪熊、玩具汽車、中世紀騎士，讓遊客都童心大發，上前合影，走在氣溫只有六度的羅騰堡，卻會被這樣溫馨可愛的氣氛感染，心裡覺得好不暖和，遊覽羅騰堡就像走進了一本童話故事書。

店前的中古世紀騎兵也十分童趣

INFO

旅遊資訊懶人包

Mittelalterliches Kriminalmuseum 刑罰博物館

- Burggasse 3-5, 91541
- 老街區步行即可抵達
- 4月至10月：每日10:00-18:00／11月至3月：每日13:00-16:00（特定節日調整開放時間）
- 成人7歐元、年長者6歐元、大學生4歐元、6歲以上學生3.5歐元、6歲以下免費
- www.kriminalmuseum.rothenburg.de

Deutsches Weihnachtsmuseum 聖誕節博物館

- Deutsches Weihnachtsmuseum, Herrngasse 1, 91541
- 老街區步行即可抵達
- 每日10:00-16:30
- 成人4歐元、優待票2.5歐元、十二歲以下兒童2歐元／1月15日至3月31日及10月15日至11月22日：門票2.5歐元、12歲以下兒童免費
- weihnachtsmuseum.de

Teddys Rothenburg 羅騰堡泰迪熊專賣店

- Obere Schmiedgasse 1，91541 Rothenburg
- 老街區步行即可抵達
- 每日09:00-19:00
- 免費參觀
- teddys-rothenburg.de

心「德」筆記

1. 參觀羅騰堡那天是萬聖節，在餐廳用餐時，一組接著一組變裝的小朋友到餐廳裡要糖果，德文裡「不給糖就搗蛋」的這句話有三種說法 Süßes oder Saures ! Streich oder Süßigkeiten ! Süßes, sonst gibt's Saures !
2. 胡桃鉗娃娃自十八世紀就被歐洲人選為最高尚的聖誕節禮物，《胡桃鉗》是德國作家 ETA Hoffman 的作品，之後被法國名作家大仲馬改編成芭蕾舞劇的劇本，再由柴可夫斯基改編成知名的芭蕾舞劇，變成眾所皆知且會在聖誕節上演的戲碼。
3. 《胡桃鉗》芭蕾舞劇也是德國許多城市聖誕節都會推出的劇碼，12 月來到德國不妨留意一下演出資訊。

到刑罰博物館過萬聖節

4. 街上的泰迪熊店裡有賣種類非常齊全的德國史泰福（Steiff）娃娃，亦有許多珍貴限量款。
5. Schneeballen 雪球是羅騰堡的特產，是一種裹糖衣的球型大餅乾，吃起來甜死人不償命，不過非常有特色，亦是當地人很喜歡的點心，街上有幾間專賣店，建議搭配茶或咖啡食用。
6. 德國有兩個城市叫 Rothenburg，本篇介紹這個比較有名的羅騰堡，名字也比較長，再複習一次「Rothenburg oberhalb der Tauber」，搭車前往一定要注意看，別跑錯「堡」了。（另外一個羅騰堡位於德國東部薩克森邦，接近波蘭，全名為 Rothenburg/Oberlausitz。）
7. 到羅騰堡一定要特別注意各家的招牌，非常可愛也很有特色，錯過可惜。
8. 大部分的景點都在城牆內，步行即可抵達，非常方便旅遊，城外就是現代化的普通城市了（回到現實世界）。

樂高樂園

積木堆出的夢幻王國

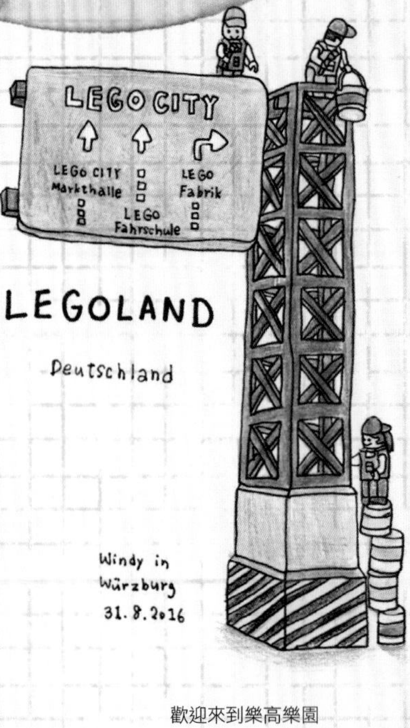

歡迎來到樂高樂園

景點推薦指數

❤❤❤❤

不負責任評價

樂高迷必來的景點，亦推薦給所有看膩了中古世紀古蹟、好山好水大自然的旅人。

漢堡港口的樂高船真的在認真運貨

樂高王國在這裡

在歐洲旅遊，參觀的不外乎是城堡、教堂、老街，走過那麼多相似的風景，難免對古蹟感到些許麻痺，旅行之餘，我偶爾也會參加當地的文化節，或是到各地著名樂園玩，如樂高樂園，也算是趟圓夢之旅，哪個孩子沒有樂高夢呢？把玩著小小的樂高人偶，為它們築起一座座幻想的高塔，應該也是很多人童年的回憶。

樂高樂園位於南德金絲堡Günzburg，不算個大城市，抵達金絲堡火車站後，需要轉搭公車才會到樂高樂園，不過德國的樂高樂園很值得一去，無論是大人小孩，到德國旅行，看膩古蹟的話，就來樂高樂園吧！

樂高小人國

樂園中央廣場是樂高小人國，細心打造的著名景點縮小樂高模型，雖然是以樂高創造，擬

真程度可是非常高！漢堡港口的樂高船勤勞地在水上行駛，還吊運樂高貨物，效率一定不輸真實的漢堡港口；威尼斯的樂高貢多拉也緩緩地穿過每一條運河，伴隨著船夫的歌聲（真的有音樂），唱起了旅人對水都的嚮往；樂高新天鵝堡裡，樂高國王和樂高皇后正跳著一首首華爾滋；行經法蘭克福樂高的ICE德國高鐵也載著旅人，飛快穿越山洞，抵達目的地；樂高農場的牛羊更會跟著音樂出場吃草。樂高樂園裡，不時傳來各種驚呼讚嘆，光是參觀這一區，就會讓人覺得值回票價。

26個足球場大的樂園

德國樂高樂園約有二十六個足球場大，可以逛上一天，樂園最少不了的當然是遊樂設施，不過樂高樂園的主要客群為孩童，即使是雲霄飛車也稱不上刺激，每個以樂高為主題設計的遊樂設施，才是它的賣點，和一般樂園不同，有些遊樂設施還要自己動手，像是「自助式自由落體」（我的翻譯），如其名，想體驗自由落體必須使勁全力拉旁邊的繩子，把自己拉到最高處才會降落；「自助式小火車」（一樣是我的翻譯），顧名思義，要踩著腳上的踏板才會前進，意外的受到小朋友的歡迎。至於我最喜歡的遊樂設施則是「忍者滑翔翼」，搭乘滑翔翼飛向空中，欣賞整個遊樂園的樣貌，控制兩旁的扶手還可以自由轉動，幾乎是整個樂園最熱門的設施，排隊等待至少要半小時。想玩水上設施當然也有，遊樂園還貼心又有創意的擺設「烘人機」，走進去，就能烘乾你整個人。

與其他樂園不同的是，不只是遊樂設施，園區處處充滿驚喜，轉個彎，遇見樹上的樂高製成的鸚鵡，遊客爭相與樂高城堡合影時，仔細一看，護城河下的樂高守衛正在打瞌睡呢！另外，結合德國特色，在樂園裡還有樂

1 聽聽威尼斯貢多拉船夫唱船歌
2 自助式自由落體

1 和樂高店員買瓶可樂吧
2 噓！城堡守衛睡著了
3 樂高也支持德國足球隊

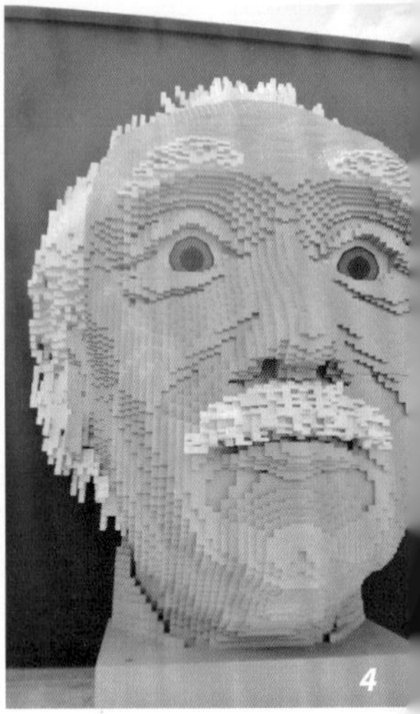

高拼成的德國足球隊隊員、手上拿著 Brezel 德國傳統扭結麵包的廚師、足球造型樂高、眼球甚至會轉動的樂高愛因斯坦，讓大人小孩都能在樂園裡，感受驚喜，享受快樂時光。

樂高駕照在這裡！

樂高工廠和樂高駕訓班也是樂園的特色之一，參觀樂高工廠，不但能夠親眼看到樂高製造過程，還能拿到一塊紀念品樂高，小小的積木，經過噴漆上色，與其他的積木組合，組出了多少人童年的夢想城堡，工廠外的紀念品區亦有提供秤重販售的樂高零件，還有一區擺放製造人偶的零件，能夠在這裡組出一個屬於自己的樂高人偶。

旅遊資訊懶人包

樂高樂園 LEGOLAND

- LEGOLAND Allee 1,89312 Günzburg
- 搭乘火車至 Günzburg 金絲堡火車站，再搭乘接駁公車至 LEGOLAND 下車（公車班次可參考：legoland.de/planen/anreise）
- 每日 10:00-18:00、遊樂設施開放至 17:00（特定節日及月分調整開放時間，冬季休園）
- 網路購票 34.7 歐元起、四人以上每人 32.25 歐元起、五人以上每人 31 歐元起（價格會因為日期及購票時間變動，建議上網查詢）
- legoland.de

4 愛因斯坦的故鄉在附近的烏爾姆，樂高樂園也來向這位名人致敬

5 樂高樂器噴泉

6 樂高人在工廠裡努力工作

心「德」筆記

1. 樂高這個名稱來自丹麥語 leg godt，意思是玩得好，丹麥木匠克里斯提安森於 1932 年開始製作木製玩具，並於 1934 年將公司取名為樂高。
2. 自前世界上共有七座樂高樂園，最早的樂高樂園在樂高創始地丹麥，1968 年開幕，其他的樂高樂園則位於英國、美國（有兩座）、德國、馬來西亞、杜拜、日本，韓國的樂高樂園目前興建中，另外北京也預計要蓋一座樂園。
3. 若剛好在巴伐利亞邦旅遊，使用邦票搭火車前往會划算許多。
4. 樂高樂園離烏爾姆車程距離僅十幾分鐘車程，可以將兩地行程規劃在一起。
5. 樂園的門票建議事先上網訂購，自行列印，比較便宜也省去排隊時間。

1

2

樂高駕訓班提供了小朋友駕駛樂高車的體驗，每個場次都有教練的指導，讓孩童不但能享受體驗的樂趣，更能從中學習到正確安全的駕駛觀念，結束課程後還會拿到樂高駕照，礙於年紀的限制，我不能去體驗，唉，與樂高樂園真是相見恨晚！

最後，幸運地遇到樂高人偶本尊（穿人偶裝的工作人員），結束了這美好的一天，彷彿化身小小人偶，走進了樂高世界，也一圓兒時樂高夢。

1 遇見樂高人
2 樂高駕訓班

最有名的城堡－新天鵝堡

不免俗地想與你分享這個
國王圓夢故事

景點推薦指數

❤❤❤❤❤

不負責任評價

來德國當然一定要拜訪一下全世界最有名的城堡啊！城堡控國王路德維希嚴格監製的城堡，絕對不會讓你失望！

新天鵝堡

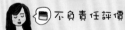

灰姑娘城堡的雛形

來到德國，怎麼能不拜訪一下新天鵝堡呢？新天鵝堡以童話故事城堡的雛型廣為人知，迪士尼的灰姑娘城堡就是參考它設計出來的，擁有夢幻外型的城堡，

1 舊天鵝堡

2 富森市區穿著傳統服飾表演傳統樂器的演奏者

高處俯瞰舊天鵝堡及周邊風景

當然背後也有它浪漫（或者說是離奇）的故事，有新天鵝堡當然就是有舊天鵝堡，舊天鵝堡建造於十二世紀，路德維希的父親看中城堡的地理位置而買下來整修，路德維希從小在舊天鵝堡長大，變成一個無能又整天做白日夢的國王後，他下令建設各大城堡，造成國家財政危機，新天鵝堡是他城堡建造名單中最有名的代表，風格取自中世紀德國騎士城堡，以及作曲家華格納所幻想的日耳曼傳說世界，諷刺的是，路德維希僅僅在新天鵝堡住了一百七十二天，就被王室及國會反對派人士以其精神狀態不佳為由，將他軟禁，直到他去世都沒能見到城堡完工。他在一八八六年六月十三日於施坦貝爾格湖去世，去世的原因從他殺了御醫後投湖自盡到被人謀殺都有，真是個悲情的人物。

1

新天鵝堡

不要告訴路德維希我們來過他的城堡

現在，新天鵝堡已經成為德國最賺錢的景點之一，很多觀光客甚至是為了它來到德國，其實，路德維希完全不想讓新天鵝堡公諸於眾，就算城堡被毀壞，也不能失去它的神祕感。但是在他死後六個星期，城堡對外開放，至今就算當天排隊，還要等上好幾小時才能買得到門票，路德維希本人知道應該會崩潰的。

路德維希二世的一生，就如童話故事般奇妙，據說他還是一名帥哥，官方說法是他一直愛著茜茜公主（沒錯，茜茜公主就是那個在維也納搶錢不夠，還要出現在新天鵝堡各項紀念品的公主），但也有傳說是他喜歡作曲家華格納，新天鵝堡不就是華格納歌劇中幻想的場景嗎？好像也有這個可能。

德國境內有著各式各樣的城堡，其實在我看來，新天鵝堡之所以吸引人，大概就是它背後那傳奇的故事吧！

INFO

旅遊資訊懶人包

Schloss Neuschwanstein 新天鵝堡

- Neuschwansteinstraße 20, 87645 Schwangau, 德國
- 搭火車在 Fussen Hbf 下車，火車站門口轉搭 73 ／ 78 號公車前往旅客服務中心，之後可以選擇步行、搭公車、搭馬車的方式抵達新天鵝堡
- 冬季 10:00-16:00 ／夏季 09:00-18:00
- 成人 13 歐元，18 歲以下免費，另外也可以購買參觀舊天鵝堡及博物館的套票（網上訂購酌收 1.8 歐元手續費）
- neuschwanstein.de

Schloss Hohenschwangau 舊天鵝堡

- Alpseestra08e 30, Hohenschwangau
- 搭火車在 Fussen Hbf 下車，火車站前搭乘公車至 Hohenschwangau，約半小時可抵達
- 4 月 1 日至 10 月 7 日：每日 08:00-17:30 ／ 10 月 8 日至 3 月 31 日：09:00-15:30（特定節日及月分調整開放時間）
- 成人 13 歐元，18 歲以下免費，另外也可以購買參觀舊天鵝堡及博物館的套票（網上訂購酌收 1.8 歐元手續費）
- hohenschwangau.de

1、2 新天鵝堡一隅

山上俯瞰的美景

心「德」筆記

1. 明信片到城堡門口再買，那裡有天鵝戳章（又不會比較貴坑你錢）的明信片。
2. 推薦上山搭公車下山步行，馬車看起來很浪漫沒錯，但聞了一路的馬糞味以後，你絕對不會覺得自己是中世紀國王（而且公車比較便宜哦）。
3. 新天鵝堡的觀光客眾多，建議早點出發，另外事先查好火車接公車的時刻表比較保險。
4. 想入內參觀，最好線上購票，不然你會把這一天大部分的時間浪費在排隊上。

國王湖裡沒有國王

德國國王級的美景

景點推薦指數
❤❤❤❤❤

不負責任評價

國王湖沒有國王，但國王湖夢幻得非常不真實，想看德國自然美景，一定不要錯過國王湖。

St.Bartholomä Deutschland

聖巴多羅買禮拜堂

國王等級的國王湖

說到德國景點，走遍了城堡後，一定不得不提起阿爾卑斯山區的國王湖，群山環繞下清可見底的湖泊，是許多人德國之行的目的地之一。

國王湖 Königssee，König 是國王之意，See 則是湖，不過根據國王湖官網，國王湖這個名稱其實很可能跟國王一點關係也沒有，而是來自 Kuno 這個姓名，但湖光山色真的是國王級的。

國王湖位於巴伐利亞州邦的一個小鎮 Berchtesgaden 貝希特斯加登，因為與我居住的烏茲堡同邦，身為一個省錢的學生，選擇和朋友一起購買邦票前往，前往國王湖當天，我們起了一大早，搭了六個小時的區間火車終於抵達貝希特斯加登，小鎮旁邊就是奧地利，搭車時也經過了幾個奧地利車站，到了貝城車站，還需要轉搭公車方能抵達國王湖，唉，美麗的城堡與風景總是在遙遠的山上，坐了六小時火車的我們疲憊不堪，一看到公車便開心地跳上去了，公車越開越遠，小鎮風光也越來越像「阿爾卑斯山少女」的場景，讓人不禁唱起山歌，公車上除了我們以外，其他乘客看起來都不太像觀光客，我隨口問了旁邊的德國奶奶：「國王湖哪時候才會到啊？」「國王湖？你們搭反了。」我們驚訝地按了下車鈴，在一個四周什麼也沒有的偏遠小站下車了，到國王湖的公車班次其實不多，中間還因為與朋友閒聊錯過了一班車，又多等了快一小時後，真正抵達國王湖已經下午三點了。

清澈到會發出閃亮光芒的湖面

國王湖的顏色有如寶石

可以喝的國王湖

國王湖被譽為德國最乾淨、最美麗的湖泊，清澈的水還可以直接飲用，我也發揮了實驗精神為讀者們試喝，真的可以喝喔！不過不是直接撈起來喝，在禮拜堂站有設立湖泊的水龍頭供遊客飲用。為了保持國王湖的品質，連遊湖的船都是非常安靜的電動船，若不搭船是無法欣賞到什麼風景的，就算船隻航行時間所剩不多，我們還是選擇購買船票遊湖。

遊湖非常值得，導遊的巴伐利亞地方腔調讓人不是很容易理解，但沿途欣賞的美景真的讓人覺得置身天堂，空氣也是無法挑剔的新鮮，導遊一秒變身音樂家，在險峻的群山間吹起傅魯格號，這便是遊湖的一大賣點，山間響起了回音，有種超脫俗世的錯覺，不過放心，演奏後會跟大家收取小費，帶領各位回到現實世界。

遊湖的第一站是聖巴多羅買禮拜堂，始建於十二世紀，紅色洋蔥頂長得非常童話，旁邊有當地特產烤魚餐廳。因為時間因素，沒有參觀到上湖區，便匆匆趕搭末班船，後來更慘烈的沒有搭上末班公車，忍痛搭乘計程車回到車站，據說上湖才是國王湖最好看的地方，國王湖是很值得安排一天旅遊的景點，美好的風景，還是應該配上不慌忙的步調，以及美味的當地特產。

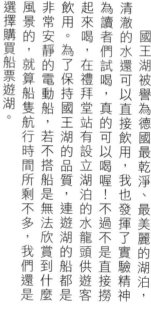

1 乘船處
2 聖巴多羅買禮拜堂
3 貝希特斯加登小鎮風景
4 遊湖電動船

遊人如織的聖巴多羅買禮拜堂站

INFO

旅遊資訊懶人包

Königssee 國王湖

- 地址：Seestraße 3 83471 Schönau a. Königssee
- 交通：搭乘火車至 Berchtesgaden，在火車站搭乘 841 或 842 號公車至 Königssee Parkplatz 站，遊湖須改搭電動船
- 時間：遊湖首班船 08:00、上湖回程末班船 18:10（冬季部分站不停靠）
- 票價：至禮拜堂的來回船票：成人 14.8 歐元、18 歲以下 7.4 歐元
至上湖來回船票：成人 17.8 歐元、18 歲以下 8.9 歐元
- 網址：koenigssee.com

電動船的相關網址：seenschifffahrt.de/home

St. Bartholomä 聖巴多羅買禮拜堂

- 地址：St Bartholomew's Church, Nationalpark Berchtesgaden, 83471
- 交通：搭乘火車至 Berchtesgaden，在火車站搭乘 841 或 842 號公車至 Königssee Parkplatz 站，搭乘電動船即可抵達
- 時間：09:00-17:00
- 票價：免費

心「德」筆記

1. 一定要搭電動船，美景都在深山裡。
2. 導遊在遊湖時吹奏的是傅魯格號，不是小喇叭喔！許多旅遊攻略都說它是小喇叭，傅魯格號是在歐洲相當流行的樂器，音色既有法國號的溫柔又有小喇叭的高亢。
3. 國王湖建議可以安排一天的行程，能比較悠閒地享受自然美景及美味烤魚。
4. 冬季上湖區沒有開放，想看上湖區一定要挑對時間來訪，以免向隅。
5. 末班公車的人潮非常可怕，甚至會搭不到公車下山，建議看好公車時刻表提早下山。
6. 喜歡登山健走也可以參考當地的登山步道。

慕尼黑

跑車、啤酒屋、奧林匹克

奧林匹克公園

景點推薦指數

❤❤❤❤❤

不負責任評價

慕尼黑這個城市集結了古典與現代，可以看的景點真的太多了，可以吃的美食與啤酒當然更少不了，無論你是誰，慕尼黑都能抓住你的心。

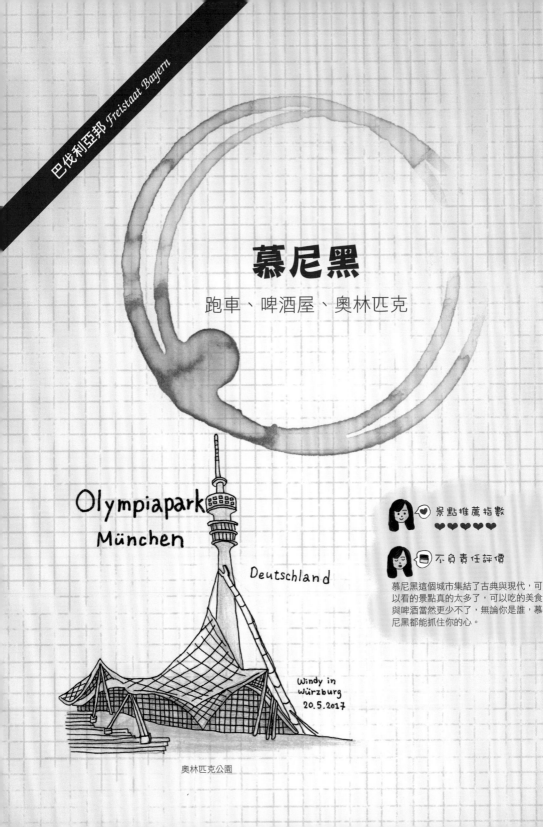

1

2

慕尼黑，德國巴伐利亞邦第一大城，每年十月的啤酒節總是吸引世界各地的人群共襄盛舉，這座城市既古典又現代，古老的馬利恩廣場、寧芬堡宮、傳統的皇家啤酒屋，或是現代化的跑車博物館、奧林匹克公園都在這裡，在歐洲一年，走遍了各大老街老城的我，則決定將這次慕尼黑之行規劃為「現代建築巡禮」，參觀跑車博物館，感受德國先進的工藝技術；走訪奧林匹克公園，探訪德國近代的綠色建築，最後在皇家啤酒屋裡，和朋友們豪飲啤酒、大啖豬腳、聆聽傳統樂團的演奏。

BMW 的故鄉

慕尼黑是 BMW 的全球總部所在地，其展場與博物館是鄰居，都是極為現代化的建築物，BMW Welt 是展場，免費入場，展示經典款及最新的車輛，現場的車都可以試乘拍照，也有規劃試乘區，如果看中哪一輛車，甚至可以當場交貨直接開回家，除了汽車外，二樓還有展示重機，就是電影裡看到那種非常帥氣的重型機車！展場不但好看，也相當好玩（還有互動遊戲區），而現場展示的車款更讓人想全部打包開走。

位於展場旁的博物館就要收門票了，也很值得入內參觀，展場展示的車多是新款，博物館則展出各年代代表車款，還可以研究各式各樣的引擎，博物館占地超過五千平方公尺，順著走完大概要兩小時，車迷應該可以花上一天的時間參觀，除了展示的車款讓人大開眼界以外，館內的設計也很值得一看，無論是動線規劃或車輛的擺放都很有巧思，我最喜歡的設計是有聲書，可以根據讀者的翻頁自動講解，還可隨時切換英、德文。

我對汽機車都沒有太多的研究，沒辦法更詳細的介紹，但無論是不是車迷，來慕尼黑都很推薦參觀 BMW 展場與博物館，

3

4

1、2、3 BMW 博物館
4 BMW 展場展示車

感受一下德國引以為傲的汽車工業。

「The Games must go on!」

BMW 展場和博物館隔壁則是奧林匹克公園，充滿現代感的 BMW 系列建築、奧運電視塔、體育場擺在一起，這幅未來感的畫面，讓人感覺穿越了時空。

一九七二年，慕尼黑舉辦了第二十屆夏季奧運會，帳篷式屋頂奧運館的設計，在當時極為

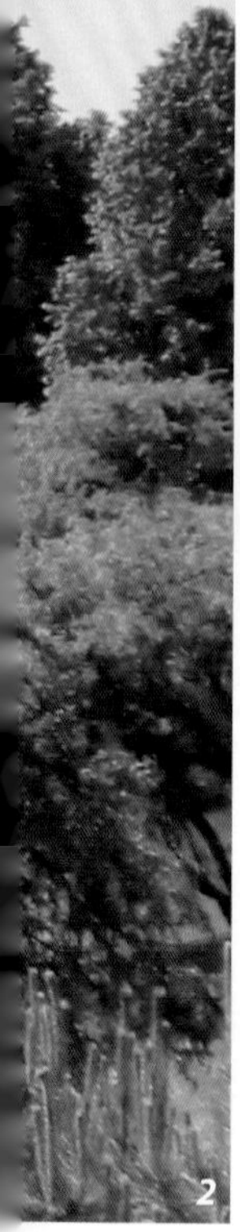

轟動，多人組成的建築團隊將建築與自然風景融為一體，用昂貴的人造有機玻璃打造體育場，館內不但光線充足，靈活的線條更參考了阿爾卑斯山的形態，把建築和公園結合在一起，慕尼黑奧運距今已近五十年，現在欣賞這樣的建築，也依然覺得很先進有創意，奧運的設計理念為「近距離的奧運會」，慕尼黑城市規模不小，人口也很多，因此選擇在離市中心不遠的報廢機場新建三十三個體育場館，不影響城市自然風貌，又妥善利用了廢棄的場地，奧運結束後，奧運公園依然是當地居民運動、散心的好去處，除了選地與建築的巧思，就連足球場也非常用心，草坪足球場下設有供暖設施，一年四季都可以比賽。

不過，讓慕尼黑奧運留名歷史的不只是建築，還有發生在奧運期間的流血慘案，恐怖份子暗殺選手，迫使奧運中斷所有賽事一日，當時的國際奧會主席布倫達說「The Games must go on!」，決定繼續比賽，反而激勵了人民對和平的追求及選手的鬥志，創下許多世界紀錄。

慕尼黑奧運結束後，體育場繼續使用，也舉辦過幾次重大足球賽事和演唱會，麥可·傑克森、席琳·迪翁等知名歌手都曾站上這個舞台，而現在，奧運體育館也可購票入內參觀；奧運游泳館則開放免費參觀並可購票游泳，感受一下奧運的氣氛，我到游泳館最遺憾的事大概就是沒帶泳衣吧！現代化的游泳館採光充足，陽光透過玻璃窗照在水面上反而既柔和又沁涼，像夏天的微風，也像體操選手的彩帶。

到慕尼黑旅遊，除了血拼吃豬腳外，參觀奧運公園也是不錯的選擇，想像一下體育賽事的熱血氛圍、在奧運公園裡和朋友賽跑、登上電視塔俯瞰整個城，除了體會奧運主席勇敢決定繼續比賽的決心外，更讚嘆整個奧運會場都不用淪為蚊子館，絲毫沒有浪費的德意志精神真是太令人敬佩了！比賽一定要繼續下去！奧運會場也要繼續使用下去！

3

1 奧林匹克公園
2 適合市民散步的公園
3 游泳館

心「德」筆記

1. 1972 年慕尼黑奧運後，選手村也絲毫不浪費出售給市民居住並做為大學宿舍，住進選手村的房子以後，就可以很驕傲地跟親朋好友說：「金牌選手住過我家呢！」
2. 奧運公園的地標，290 公尺高的電視塔，則提供可以俯瞰整個慕尼黑的觀景台，據說天氣好還能看到阿爾卑斯山。

INFO

旅遊資訊懶人包

BMW WeltBMW 展場
- Am Olympiapark 1, 80809 München
- 搭乘地鐵 3 號至 Olympiazentrum 站
- 週一到週六 07:30-24:00、週日 09:00-24:00
- 免費入場（要買車的話當然就……）
- bmw-welt.com.de

BMW MuseumBMW 博物館
- Am Olympiapark 2, 80809 München
- 搭乘地鐵 3 號至 Olympiazentrum 站
- 週二到週日 10:00-18:00、週一公休（特定節日公休、調整開放時間）
- 全票 10 歐元、優待票 7 歐元
- bmw-welt.com/de

Olympiapark 奧運公園
- Spiridon-Louis-Ring 21 80809 München
- 搭乘地鐵 3 號至 Olympiazentrum 站
- 依各館規定
- 公園免費，參觀館區另外收費
- olympiapark.de/en/olympiapark-munich

Neues Rathaus 新市政廳
- Marienplatz 8, 80331 München
- 火車站前步行即可抵達，或搭乘地鐵 U3、U6 至 Marienplatz
- muenchen.de/rathaus/home.html

新市政廳

紐倫堡

這是最高雅
且最適合居住的帝國

杜勒故居

景點推薦指數

❤❤❤❤❤

不負責任評價

紐倫堡身為一個巴伐利亞第二大城，絕對值得造訪，尤其可以選在聖誕市集期間前來，聖嬰市集真的是我見過最大的聖誕市集了

神聖羅馬帝國皇帝的不浪漫皇帝堡

卡爾四世說過，這是最高雅且最適合居住的帝國。

紐倫堡是巴伐利亞邦僅次慕尼黑的一個大城，是中古世紀多位皇帝居住過的城市，亦是第二次世界大戰結束之後舉行針對納粹德國戰犯審判的地點，學校的國際合作處舉辦了到紐倫堡的戶外教學，在一個寒冷的十二月初，我們各種膚色的一行人，說著不甚流利的德語，合買著好幾張巴伐利亞邦票，來到這個歷史大城。

紐倫堡街景

對於城堡，我總是有著浪漫的想像，紐倫堡的皇帝堡顛覆了我這樣過度夢幻的想法，沒有華美的雕刻、純金打造的裝飾，取而代之的是羅馬式雙教堂、深井及圓塔，皇帝堡是座非常務實以防禦功能為主的軍事堡壘，要爬到皇帝堡也絕非輕鬆的事情，它可是紐倫堡最高的建築，不過，美景總是在高處，城堡上俯瞰的城市風光，還是會讓人覺得努力沒有白費，城堡高處欣賞美景，大概就是皇帝堡唯一浪漫的地方了。

皇帝堡始建於十一世紀，雖然城堡沒有浪漫的外觀，不過

皇帝堡

「每一位」神聖羅馬帝國國王都住過這個皇帝堡，神聖羅馬帝國是西元九六二至一八〇六年的封建君主制帝國，領土包括了中歐與西歐，以德意志地區為核心，德國許多城堡和教堂也在這個時期誕生，非常喜歡紐倫堡的卡爾四世，一三五六年頒布了「金璽詔書」，之後的皇帝都必需至此舉行會議，光是他自己就在此舉行了超過五十次會議，站在皇帝堡的土地上，想著多少歷史就在這裡改寫，默默覺得此地真得非常「神聖」，就像是來到歷史課本的現場。

聖嬰市集裡的聖嬰不是嬰兒，是少女

紐倫堡聖誕市集是許多人造訪此地的原因，聖誕市集在歐洲，特別是德國，極為盛行，每年十一月底至十二月二十四日，德國各城市都會辦起聖誕市集，和親友一起在寒冷的季節裡，到

聖誕市集逛逛，喝杯熱紅酒，聊聊天，感受聖誕氣氛，每個城市的聖誕市集各有特色，除了販售不同的特產外，裝熱紅酒的杯子也有所不同，繪製地方代表建築物的馬克杯，變成了我在德國逛遍各地聖誕市集的動力了（收集熱紅酒杯子），紐倫堡的聖誕市集相當出名，號稱是最傳統最大規模的聖誕市集，至今已有四百多年的歷史。

不過，嚴格說起來，它並不叫 Weihnachtsmarkt 聖誕市集，而是 Christkindlesmarkt 聖嬰市集，之所以叫聖嬰市集，其實跟宗教改革的政治宣傳有關，紐倫堡於一五二五年加入路德新教派後，就把聖誕市集改為聖嬰市集，自一九四八年起，兩年選一次擔任「吉祥物」的聖嬰，聖嬰在這裡指的並不是嬰兒，而是少女，想成為聖嬰條件可是很嚴苛的，首先，必須是紐倫堡市民、身高要有一百六十公分以上、十六到十九歲的少女，這位選出來的聖嬰除了出席市集開幕式，

1 聖誕老人與聖嬰在街上遊行
2 小熊造型薑餅
3 有聖嬰圖案包裝的薑餅

市集裡琳瑯滿目的聖誕裝飾

聖誕節期間她也會參與各項聖誕慈善活動，聖嬰的慈愛精神溫暖了這個城市，聖嬰的圖案和標記更裝飾了整個紐倫堡，從街燈到買薑餅的小包裝都可以看見聖嬰的足跡，也變成紐倫堡聖嬰市集最大的賣點了。

紐倫堡的聖誕市集規模極大，分為幾個區域，除了主要市集外，也有兒童市集和外來市集（販賣別的城市名產為主的市集），慕名而來的觀光客也相當多，紐倫堡聖誕市集的特產是蜂蜜薑餅及紐倫堡香腸，不同於其他薑餅，蜂蜜薑餅有種黑糖糕的口感，很值得嘗試看看。

人群、小吃、遊樂設施，聖誕市集就是德國版的夜市，歲末時節與親朋好友同遊聖誕市集，談天說地分享生活，一起喝醉或欣賞心形薑餅上奇怪的祝福，大概是種德式浪漫吧！聖誕節不僅是感受節日氛圍，與身邊的人相處共度年底時光，才是最珍貴的。

畫野兔的杜勒他家

紐倫堡，孕育了不少皇帝、審判了不少納粹罪犯、更誕生了不少藝術家，杜勒，這位文藝復興時期的日耳曼地區代表畫家，就出生於此，他除了擅長繪畫外，也是一名平面設計師、藝術理論家、更是一位數學家！也許我們對杜勒這個名字有些陌生，但相信大家一定對他的幾幅名畫很

INFO 旅遊資訊懶人包

Kaiserburg 紐倫堡城堡

- Auf der Burg 13, 90403 Nuremberg
- 搭乘地鐵 1 號至 Lorenzkirche 站、電車 4 號至 Tiergärtnertorplatz 站、36 號公車到 Burgstraße 站
- 4 月至 9 月：每日 09:00-18:00 ／ 10 月至 3 月：每日 10:00-16:00（特殊節日公休）
- 套票全票 7 歐元、優待票 6 歐元
- kaiserburg-nuernberg.de/englisch/castle/index.htm

Frauenkirche 紐倫堡聖母教堂

- Hauptmarkt, 90403 Nürnberg
- 36 號公車到 Nürnberg Hauptmarkt 站
- 每日 09:00-18:00（特定節日公休、調整開放時間）
- 免費入場
- frauenkirche-nuernberg.de

Christkindlesmarkt in Nueremberg 紐倫堡聖誕市集

- Hauptmarkt, 90403 Nürnberg
- 每年略為不同，通常是 11 月底到 12 月 24 日下午，每日營業時間則為 10:00-21:00
- 火車站前步行十五分鐘即可抵達、36 號公車到 Nürnberg Hauptmarkt 站，或搭乘地鐵 U2 至 Plaerrer
- christkindlesmarkt.de

Albrecht Dürer Haus 杜勒故居

- Albrecht-Dürer-Straße 39, 90403 Nürnberg
- 火車站前步行十五分鐘即可抵達，或搭乘地鐵 U2 至 Plaerrer
- 週二到週五 10:00-17:00、週四 10:00-20:00、週末及例假日 10:00-18:00（特定節日公休、調整開放時間）
- 全票 6 歐元、優待票 1.5 歐元
- museen.nuernberg.de/startseite

1 杜勒故居的版畫示範
2 教堂的彩繪玻璃

熟悉，例如野兔、祈禱的手、版畫啟示錄四騎士、憂鬱，以及曾來臺在故宮展出的「威尼斯的少女」。

西元一四七一年杜勒出生於紐倫堡，一五〇九年，他買下這棟後來變成故居博物館的房子，並居住於此直到他去世，故居內保存了杜勒當年使用的家具，以及部分杜勒的畫作，其中包含一幅備受爭議的自畫像，在當時，人物畫像皆不會從人物的正面直接繪製，只有耶穌像才會這樣畫，然而，杜勒大膽的畫自己的正面畫像，連動作及表情也畫得很神聖，頗受爭議。

3

心「德」筆記

1. 聖誕市集了常見的熱紅酒，不只是紅酒加熱，也加了一些香料調味，紅酒加香料這樣的做法，據說二世紀的羅馬就有了，加了香料不但可以讓紅酒更甜更有味道，還能增長它的保存期限。
2. 購買一杯熱紅酒，除了酒本身的價錢外，還要先付 2 ～ 3 歐元不等的杯子押金，可以把特色馬克杯直接帶走，如果不需要杯子，只要在喝完酒後，將杯子退還給商家就可以拿回押金了。

4

3. 購買杜勒故居的門票會附解說器，另外也可以參與定時的導覽團，穿著中世紀服裝的導覽員會提供德文或英文的講解。

3 杜勒備受爭議的自畫像
4 造型熱紅酒杯

班堡

德國「小威尼斯」及四千五百株玫瑰花

來自班堡的騎士

景點推薦指數

❤❤❤❤

不負責任評價

班堡是個適合一日遊的城市，世界文化遺產加上四千多株玫瑰花園，又有水都之景，能不吸引人嗎？

小威尼斯

住在小威尼斯的淘氣小天使

班堡是位於南德一座千年古城，幸運逃過了二次大戰的摧殘，保留的建築物從羅馬式、歌德式、文藝復興到巴洛克都有，一九九三年成為聯合國教科文組織的世界文化遺產，位於美茵河和多瑙河的交會處，又被稱為德國的「小威尼斯」，中世紀風格的房屋臨水而建，為這個城市增了幾分浪漫情懷，初抵班堡，對它的第一印象僅是一小城市，步行約十分鐘來到班堡市政廳前的那座上橋，越過雷格尼茨河，才感受到了「小威尼斯」的魅力，如絲帶般的河水精心包裝著班堡的浪漫，不只浪漫，其實班堡也有點淘氣，橋邊的老市政廳建於一四六二年，位於人工島上，牆上的壁畫精緻而華美，不過，定睛一看，壁畫上淘氣的小天使將腿「伸了出來」（字面上的意思，那隻腿是立體的）。

來自班堡的騎士

德國很多名字裡有堡的城市，然而有的「堡」-berg 是指山丘地形，有的「堡」-burg 則是指貴族或主教的城堡或城市之意，我所居住的 Würzburg，字尾表示這裡有城堡；Bamberg 班堡字尾所指的則是山丘，這兩個城市位於德國南部，歷史上一直忠於天主教，與帝國自由城紐倫堡和羅騰堡也就截然不同了，從建築風格不難發現歷史的足跡與影響。

受宗教影響，烏茲堡有座著名的大教堂，班堡也有班堡大教堂，於一〇一二年建造完成，由神聖羅馬帝國國王亨利二世建造，他將此地提升為主教和皇帝的駐地，做為他的權力中心，爾後也和其皇后葬於此教堂，班堡大教堂被譽為中世紀西洋雕刻的寶庫，然而，大教堂最有名的則是「班堡的騎士」這尊雕像，他可是自古希臘羅馬時期後，第一座真人大小的騎士雕像，至於騎士的真實身分至今仍是個謎。

1 上橋的雕像
2 伸出腿的淘氣小天使壁畫
3 班堡大教堂
4 新教宮裡的畫像

擁有四千五百株玫瑰花的新教宮

班堡新教宮是一座砂岩建築，中古時期，一個富裕的主教皇族，希望在法蘭克地區有個巴洛克風格宅邸，因此建造了新教宮，一七〇三年完工，進入新教宮裡一定要跟導覽團才可以參觀每間房間，當天下午人不多，剛好趕上導覽團的行程，經過一個多小時非常詳細的導覽後，覺得上了一堂歷史與德文課，宮內最有名的是帝王大廳，壁畫加上精緻的雕刻，是個很適合辦宴會的大廳，做為一皇族宅邸，當然少不了各式風格主題房間，我印象最深刻的是一間中式閣房，像是以外國人對中式的刻板印象建造，雖說是中式還是混了許多西方建築元素，感覺有些「山寨」，也因此增添了參觀的趣味。

新教宮外有座號稱擁有四千五百株玫瑰的花園，在秋天拜訪班堡的我無緣見到百花怒放的盛況，不過，處處落葉及凋謝的花，反而有種說不出來的荒涼意境，從花園也可以俯瞰整座城市的風景，和諧的紅屋頂景色盡收眼底，彷彿悠悠地訴說著這個城市的故事與歷史。

1 新教宮
2 秋日玫瑰園
3 俯瞰班堡
4 晚霞下的班堡

INFO

旅遊資訊懶人包

Altes Rathaus 班堡老市政廳

Obere Brücke 96047 Bamberg

火車站前步行即可抵達。

bamberg.info/poi/altes_rathaus-4656

Bamberger Dom 班堡大教堂

Domstraße 5, 96049 Bamberg

搭乘公車 910 號至 Domplatz 站

11 月至 3 月：週一至週三 09:00-17:00、週四至週五 09:30-17:00、週六 09:00-16:30、週日 13:00-17:00 ／ 4 月：週一至週三 09:00-18:00、週四至週五 09:30-18:00、週六 09:00-16:30、週日 13:00-18:00 ／ 5 月至 10 月：週一至週三 09:00-18:00、週四至週五 09:30-18:00、週六 09:00-16:30（11:30-13:00 休息）、週日 13:00-18:00（特定節日公休、調整開放時間）

免費參觀

bamberger-dom.de

Neue Residenz 新教宮

Domplatz 8, 96049 Bamberg

搭乘公車 910 號至 Domplatz 站

4 月至 10 月 9:00-18:00、10 月至 3 月 10:00-16:00

全票 4.5 歐元、優待票 3.5 歐元、花園免費參觀

www.residenz-bamberg.de

心「德」筆記

1. Bamberger Symphoniker-Bayerische Staatsphilharmonie 班堡交響樂團非常有名，具有極佳的演出水平，時常至各地演出，成立於 1946 年，每年 12 月 31 日會在班堡舉辦新年音樂會。
2. Sandkerwa 是班堡的節慶，每年 8 月舉行，有許多市集和表演，詳情可見官方網站 sandkerwa.de。
3. 煙燻啤酒是班堡的特產，來到班堡記得別錯過了！
4. 班堡規模不大，大部分景點都可以步行逛完，搭配巴伐利亞邦票順遊周邊老城也是不錯的選擇。

巴伐利亞邦 *Freistaat Bayern*

科堡城堡—王子之城

別人透過戰爭征服世界，
而幸福的科堡人透過聯姻

景點推薦指數
❤❤❤❤

不負責任評價

雖然科堡並不是太熱門，來德國當交換學生之前，我甚至沒有聽過這個城市，但以王子為特色的各大城堡、雕像，加上絕美的圖林根森林，值得你的拜訪。

科堡城堡

來自科堡的王子

科堡並不是一個德國特別熱門景點，市面上的旅遊書或網路上的旅遊攻略也較少提到，但可別小看這個城市，科堡位居德國中心，它的「特產」不是教堂，更不是世界文化遺產，而是「王子」。科堡的艾恩斯特家族以眾多王子和歐洲各大皇室聯姻聞名，王子的城堡就不用說了，在一個不經意的路口，遇到王子的雕像，更是平凡的科堡日常，連水溝蓋也刻有應該是王子的頭像，到科堡旅遊也許無法見到真正的王子，但是無所不在的王子足跡，總會使人揣想起幾百年前的科堡王子，也許像童話故事描述的一樣，有張帥氣的臉龐；或許像路口的雕像一樣，騎著白馬華麗出場。

1 中古世紀風格的科堡街道
2 水溝蓋上也許是某位王子的肖像
3 轉角遇見掉漆王子

圖林根森林

而現在，歐洲各地王子，英國的查爾斯王子、瑞典的古斯塔夫國王、比利時的菲力普王子等人都曾親臨科堡追尋先人的足跡。與科堡王子阿爾伯特結婚的英國維多利亞女王曾說過：「如果我不是英國女王，我會在科堡居住生活。」（難道是因為科堡王子很多嗎？）

馬丁路德也住過的科堡城堡

除了眾多的王子，馬丁路德也是科堡名人，科堡城堡正是他流亡的地方，奧地利作曲家史特勞斯也曾在科堡居住多年，且於此地辭世。科堡城堡位於圖林根森林的麥恩峽谷，蓋在四百六十四公尺的山上，當然相當重視城堡防禦功能，位於山頂的城堡需要經過大概半小時以上的山路才可以抵達，通往城堡的森林寧靜而夢幻，彷彿就是童話故事裡那個讓很多主人翁迷路的

1

3

2

4

5

森林，現在的科堡城堡裡沒有王子，是棟講述歷史的博物館，收藏著各個年代的藝術珍品和中世紀的兵器，保留了馬丁路德的臥室，因城堡規模大，穿越展間需要行走當時下人走的通道，其中我印象最深刻的是木雕製成的打獵主題房間，木雕的牆壁收藏了一幅幅生動的畫，城堡砲台亦是視野絕佳的眺望台，這個景點遊客不多，可以慢慢欣賞科堡風景（城堡內部亦有玻璃博物館可購票入場）。

也許科堡不是旅人口中的熱門景點，但個人認為科堡很值得造訪，沒有太觀光化的包裝，只是隱身在圖林根森林中，保存了科堡的歷史和每個王子的故事，「別人透過戰爭征服世界，而幸福的科堡人透過聯姻。」王子的足跡遍布了這個城市，科堡王子的血脈則遍布了歐洲各大皇室。

1、*3* 科堡城堡給人一種寧靜的氛圍
2 圖林根森林
4 森林裡的王子
5 牆上探出頭的人像很有創意

INFO

旅遊資訊懶人包

Veste Coburg 科堡城堡

Veste Coburg, 96450 Coburg

火車站前搭乘公車至 Hindenburgstr. ／ Post, Coburg，依照路邊指示牌的指示登山半小時即可抵達

1. Kunstsammlungen der Veste Coburg 科堡城堡藝術品博物館

夏季：每日 9:30-17:00 ／冬季：週二至週日 13:00-16:00（特定節日調整開放時間）

成人 8 歐元、優待票 6 歐元、6 歲以上兒童 2 歐元、6 歲以下免費（冬季調整票價）

kunstsammlungen-coburg.de

2. Europäische Museum für Modernes Glas 科堡城堡玻璃博物館

夏季：每日 09:30-13:00 及 13:30-17:00 ／冬季：週二至週日 13:00-16:00（特定節日調整開放時間）

成人 4 歐元、學生 2 歐元、殘疾人士或低收入戶 3 歐元、6 歲以下免費（冬季調整票價）

kunstsammlungen-coburg.de

愛倫堡宮 Schloss Ehrenburg

Schlossplatz 1, 96450 Coburg

火車站前搭乘公車至 Kongresshaus 或 Hindenburgstr.，步行八分鐘即可抵達，或者直接從老街區步行約十五分鐘

4 月 3 日至 10 月：09:00-18:00 ／ 10 月 4 日至 3 月：10:00-16:00（週一休館、特定節日調整開放時間）

成人 4.5 歐元、優待票 3.5 歐元（須配合每小時的導覽入場）

schloesser-coburg.de

某次戰爭的紀念碑

心「德」筆記

1. 科堡不只有王子，希特勒曾被稱為科堡的榮譽市民，不過二戰後科堡人開始痛恨納粹，並反省當初「放任」納粹在此城壯大聲勢。
2. 愛倫堡宮裡有歐洲第一個抽水馬桶，是為了 1860 年英國女王維多利亞的造訪所製作的。
3. 科堡城堡要步行三十分鐘左右的山路，不過森林美景及科堡城堡的豐富館藏，會讓人覺得辛苦是值得的。

愛倫堡宮

在威瑪遇見歌德和席勒

靜靜守護這座城市的兩人

在威瑪遇見歌德和席勒

景點推薦指數

❤❤❤❤

不負責任評價

到德國旅行，記得多排一點時間給威瑪，我想這個城市一定有很多地方值得探索，到威瑪前沒有把歷史拿出來複習，以及停留時間太短讓我有點遺憾，無論你喜歡的是文學、音樂、藝術、歷史或是建築，威瑪值得這些歷史名人佇足，也會值得這樣的你佇足。

德國雅典

威瑪，具有德國雅典之稱，是一個位於 Thüringen 圖林根邦很有特色的城市。

在文學、政治、音樂、藝術的領域，威瑪都有其重要的地位，威瑪是現代設計包浩斯的發源地（Bauhaus 最初指的是一所藝術和建築學校，後來被引申為建築流派的統稱），而一個古典的城市當然少不了博物館（這是我旅遊歐洲各國最大的感想），尤其是威瑪這樣有歷史的城市，處處可見博物館，無論是介紹現代設計的包浩斯博物館、講述歷史的威瑪之家（在前往威瑪的火車上，

1 非常可愛的威瑪之家指示雕像
2 像是一介平房，不起眼的席勒故居
3 一樣是外表看似平凡，卻是名留千古著作產房的歌德故居

與鄰座的乘客閒聊，那位威瑪在地人向我們推薦這間博物館，可惜沒有時間參觀），或者，路邊不起眼的房子，也可能是名人故居改建而成的博物館，例如席勒故居。

他們都是威瑪人

除了博物館與建築，威瑪更因為名人的佇足而有了文化風采，作家歌德與席勒、音樂家李斯特與巴哈都曾長住於此，宣稱「上帝已死」的哲學家尼采、現代畫家康定斯基、保羅克利亦曾在威瑪停留，小小的一個城市，因其古典氛圍吸引各領域的名人佇足，而又因為這些名人的足跡，吸引更多來自各地的旅人到此朝聖，因此，在一九九八年，

愜意的威瑪街道，見證了多少德國光明與黑暗歷史

「古典威瑪」（也就是這一整個城市）被聯合國列為世界文化遺產，這座城市的古典氛圍得以受到大家重視，完整保留下來。

一七八二年，歌德搬到威瑪，一住就是五十年，如同法蘭克福的歌德故居，這裡也有一間歌德（住得比較久的）故居，在這個美麗小城市裡，歌德故居看起來很平凡，要不是遊客以及馬車的停留，很難注意到它的存在。

一日威瑪人

我在威瑪停留的時間不多，大致逛了老城區，感受到所謂的德國雅典，城市裡整齊的老房子，維護良好的古蹟，每個角落都如此典雅，我沒有參觀博物館及欣賞音樂會，不過，跟隨著當地人的步調，只是在城市裡拿著冰淇淋，感受人文氛圍，想像下一個轉角，也許是歌德尋找靈感，或者尼采沉思的地方，不一定要倉促拜訪每個著名景點，和威瑪人一樣，在一個再平凡不過的午後，只是散步，為一個美麗的花圃停留，也是旅行的一種方式。

威瑪的光明與黑暗

一九一八年，威瑪國立劇院，歷史上第一部民主憲法在此簽訂後，威瑪也就變成我們所熟悉的歷史名詞「威瑪共和國」。然而，十幾年後，希特勒政權崛起，在威瑪北方的布痕瓦德建起一座納粹集中營，迫害六萬多人，而民主憲法的發源地：國立劇院，在二次大戰期間也諷刺地變成納粹的兵工廠，人文之城威瑪擁有的不僅是人文風采，沉重的歷史，也是這個城市的一部分。

同時有著歷史中光明與黑暗的威瑪，幾百年過去了，在國家劇院前面的歌德和席勒紀念雕像，見證了歌德與席勒的忘年之交，時間與貧富完全無法構成他們友情的阻礙，他們在文學領域上互相競爭，卻又相知相惜，起初，席勒是有些嫉妒歌德文壇的地位，拼命想取代他，認識歌德後，他們卻變成了彼此的摯友，席勒比歌德年輕卻比他早死，歌德在他死後，要求將席勒的頭蓋骨置於他的書桌，時時刻刻懷念著故友，如今，廣場上的歌德與席勒默默地凝視著每個過去的日子，和每位路過的行人，如同歌德寫在浮士德裡的名句「Verweile doch, du bist so schön. 逗留一下，如此美好」威瑪就像一間圖書館，收藏了文學、藝術以及歷史，值得每一次的逗留。

這兩個人一直堅定著守護彼此的友情與威瑪小鎮

INFO

旅遊資訊懶人包

Weimar Haus 威瑪之家

Schillerstraße 16, 99423 Weimar

火車站出發步行十幾分鐘、或搭乘公車至 Goethplatz 步行約五分鐘即可抵達

4 月至 9 月：09:30-18:30 ／ 10 月至 3 月：09:30-17:30

成人 7 歐元、學生 5.5 歐元、7 ～ 18 歲 5 歐元

weimarhaus.de

周邊城市順遊
Erufurt 艾爾福特

幾乎位於德國中心的城市，有德國唯一的 krämerbrücke 橋街（直譯為商人橋），當地居民逐水而居，蓋起了這座在河流之上的商業街，街道上各有特色，鮮豔可愛的房屋也吸引了不少遊客，是個很可愛物價又很親切的小城市。

搭乘區間車約十幾分鐘即可抵達

1 五彩繽紛可愛的橋街
2 建於西元七百多年，歷史非常悠久的大教堂（對比教堂下的行人，可得知這個教堂有多巨大）

AGoethe-Schiller-Denkmal 歌德與席勒雕像

Theaterplatz, 99423 Weimar

火車站出發步行十幾分鐘、或搭乘公車至 Goethplatz 步行十分鐘內即可抵達

全天看著你們，守護著威瑪。

Schillers Wohnhaus 席勒故居

Schillerstraße 12, 99423 Weimar（竟然直接叫席勒街！）

火車站出發步行十幾分鐘、或搭乘公車至 Goethplatz 步行約五分鐘即可抵達

1 月 1 日至 3 月 25 日：週二至週日 09:30-16:00 ／ 3 月 26 日至 10 月 28 日：週二至週日 09:30-18:00 ／ 10 月 29 日至 12 月 31 日：週二至週日 09:30-16:00

成人 8 歐元、學生 6.5 歐元、16 歲以下 3 歐元

klassik-stiftung.de ／ einrichtungen ／ museen ／ schillers-wohnhaus

Goethe-Nationalmuseum mit Goethes Wohnhaus 歌德故居與博物館

Frauenplan 1, 99423 Weimar

搭乘公車至 Wielandplatz 步行五分鐘可抵達、或是從火車站步行約十幾分鐘可抵達

1 月 1 日至 3 月 25 日：週二至週日 09:30-16:00 ／ 3 月 26 日至 10 月 28 日：週二至週日 09:30-18:00 ／ 10 月 29 日至 12 月 31 日：週二至週日 09:30-16:00

成人 12.5 歐元、優待票 9 歐元、學生 4 歐元、16 歲以下免費入場

klassik-stiftung.de/einrichtungengoethe-nationalmuseum-mit-goethes-wohnhaus

Liszt-Haus 李斯特故居

Marienstrasse 17, 99423 Weimar

搭乘公車至 Bauhaus Universitaet 步行兩分鐘即可抵達。

（全年週二公休）1 月 1 日至 3 月 25 日：10:00-16:00 ／ 3 月 26 日至 10 月 28 日：10:00-18:00 ／ 10 月 29 日至 12 月 31 日：10:00-16:00

成人 4.5 歐元、優待票 3.5 歐元、學生 1.5 歐元、16 歲以下免費入場

klassik-stiftung.de/einrichtungen/museen/liszt-haus

周邊城市順遊

Jena 耶拿

耶拿也是座規模不大的城市，又有「光都」之稱，以光學工業聞名世界，此城也是蔡司鏡頭的故鄉，而我到此城市的目的是參加 Cellu l'art 耶拿國際短片影展，德國許多城市都有舉辦大小規模的國際影展，若時間允許也很推薦挑選幾場觀看（國際影展幾乎都有英文字幕）。

搭乘區間車約十幾分鐘即可抵達

耶拿國際短片影展海報

心「德」筆記

1. 歌德跟席勒的家真的只是一般平房，非常容易忽略，想追隨這兩位德國文豪的腳步，登門拜訪，記得張大眼睛仔細看看門牌了。
2. 歌德與席勒雕像兩人看起來差不多高，不過，歌德的實際身高為 169 公分，席勒的實際身高為 190 公分，看來歌德有偷偷收買雕刻家（不會吧？），另外，美國就有四個這座雕像的複製品。
3. 如果你對文學、音樂、藝術、歷史或是建築沒有太多的了解，卻很喜歡散步的話，我還是要推薦你威瑪，一個能夠讓你像個雅典人悠閒散步的城市。
4. 到威瑪旅遊前，了解一下相關城市歷史，一定會有不同收穫的。
5. 威瑪其實不大，景點幾乎都在火車站步行十幾分鐘的距離，交通方式僅供參考，步行逛完全城不是太大的問題。
6. klassik-stiftung.de/start 是一個很詳細的威瑪旅遊網站，還可以轉換成中文。
7. 既然都來圖林根邦了，也別忘了嚐嚐路邊小販販售的圖林根香腸，圖林根限定喔！

萊比錫

整個城市都是我的音樂廳

景點推薦指數

❤❤❤❤❤

不負責任評價

萊比錫絕對是音樂及歌劇愛好者必須朝聖的城市。

聖多馬大教堂

萊比錫市政廳

椴樹編織的音樂搖籃

來到萊比錫旅遊時是乍暖還寒的春天，穿著羽絨衣走在開滿櫻花的街道，來朝聖這個古典樂之城。萊比錫這個字源於斯拉夫語「Липа」，椴樹之意，好一個詩意的名字，相信學過音樂的人也和我一樣，對萊比錫有太多的憧憬與幻想，提到古典樂，也許大家首先想到的是維也納，不過，萊比錫毫無疑問地培育了許多著名音樂家，在古典音樂史上也有著「搖籃」的地位吧！巴哈擔任萊比錫聖多馬教堂唱詩班指揮，並在此創作出音樂史上的神作之一〈馬太受難曲〉；孟德爾頌不但是音樂天才，十九歲時在萊比錫圖書館發現了巴哈的〈馬太受難曲〉，決定親自指揮演出，使後人開始注意巴哈的音樂；音樂史上的傳奇愛侶舒曼與克拉拉（以及和他們之間有著微妙關係的布拉姆斯），亦曾在萊比錫生活，萊比錫也因此保留了

布商大廈

這些音樂家的故居，供後人參觀。

萊比錫和那種「典型的德國觀光城市」不同，沒有著名的城堡，更沒有壯麗的山河風景，但無論是布商大廈的管弦樂團、購物大街的街頭藝人，高水準的音樂演出為整個城市譜上了浪漫又快活的音符，不分時空的，萊比錫是條推動著音樂家前進的大河。

從布匹交易所到音樂演奏廳

想在萊比錫感受音樂氣息，除了在巷弄間尋找街頭藝人的琴聲，到布商大廈聽一場音樂會也是很好的選擇，布商大廈最早是布匹的交易所，布商大廈樂團則由萊比錫市民與商人成立，十八世紀，布商大廈正式成為音樂廳，樂團也以此而命名。

布商大廈對面就是市立歌劇院，傳說許多班底是來自布商大廈呢！喜歡看戲的話，也可以在此欣賞歌劇，享受萊比錫的藝術氛圍，萊比錫市民真是太令人羨慕了，他們每天都有機會欣賞音樂與戲劇表演。

多產的音樂之父

沿著充滿音樂色彩的購物大街直走，白色櫻花林的背後就是以巴哈聞名的聖多馬大教堂了，白色的花瓣隨著四月的冷風優雅落地，像一首歌，尤其在萊比錫這樣的城市，每個角落都是旋律。

巴哈被後人稱為音樂之父，是巴洛克時期最重要的音樂家之一，也是一名非常「多產」的作家（除了作品很多，巴哈還有二十個孩子，名符其實的「多產」），不過巴哈在他自己的年代其實不算有名，原因有兩個，第一，德國那個年代名字叫「巴哈」實在太多了（如果巴哈掉到湖裡，湖中女神大概會這麼問：「你掉的是釀酒的巴哈還是工匠巴哈呢？」「不！我要找的是音

樂之父巴哈」）；第二，巴哈（音樂之父巴哈）身不逢時，身在巴洛克時代尾巴，當時的音樂家力求改變，巴哈的複調音樂沒有受到大眾讚賞，後來還是孟德爾頌演出了〈馬太受難曲〉，才為他在德國的樂壇「正名」。

教堂旁的巴哈雕像擺著嚴肅的面孔，不禁讓我想起孩提時代練習鋼琴，很討厭練但是檢定一定會考的〈巴哈創意曲〉，兩隻手一起擔任主旋律的曲子不太優美，但就像互相對話一般的

1 櫻花林後的聖多馬大教堂
2 聖多馬大教堂一隅

4

5

3

旋律，神奇的鍛鍊了鋼琴技巧，巴哈大概算是許多人的鋼琴老師吧！其實，巴哈會編寫這些二聲部、三聲部之類的練習曲，是為了教導他的孩子彈鋼琴。

小巴黎在德國

來到萊比錫這天剛好也是一年一度的博物館之夜（各大博物館會延長營業時間，並舉辦系列活動），許多博物館派出了吉祥物宣傳活動，更為這個音樂之城增添不少活潑的色彩，穿著鋁罐的吉祥物（不誇張，他真的一身的鋁罐，感覺好重）一走路就會發出極大的聲響，吸引不少路人側目，我問他是否可以合照，鋁罐人親切答應，朋友按下快門的那一刻，他「哇！」的叫了一聲，讓我留下一個驚訝表情的紀念，萊比錫——的確讓人驚訝，沒有那種想像的古典氣息，取而代之的是更多活潑輕快的氛圍，歌德在他的作品「浮士德」裡，稱萊比錫為小巴黎，古典的城市有著現代的靈魂。

3 為博物館之夜宣傳的吉祥物
4 巴哈像
5 教堂前貼心設計的最佳拍照站點

歌德稱萊比錫為小巴黎

INFO

旅遊資訊懶人包

聖多馬教堂 Thomaskirche

Thomaskirchhof 18, 04109

搭乘 9 號電車或 89 號公車至 Thomaskirche 站下車

週一到週四 11:00-17:00 ／週五 11:00-18:00 ／週六 10:00-18:00

免費入場

thomaskirche.org

巴哈博物館 Bach-museum

Thomaskirchhof 16, 04109

搭乘 9 號電車或 89 號公車至 Thomaskirche 站下車

週二到週日 10:00-18:00、週一公休

全票 8 歐元、優待票 6 歐元、16 歲以下免費

bachmuseumleipzig.de/de/bach-museum

萊比錫歌劇院 Oper Lepzig

Dreilindenstraße 30, 04177 Leipzig

搭乘 3、7、8 或 15 號電車至 Straßenbahnhof Angerbrücke 站下車

oper-leipzig.de/en

布商大廈 Gewandhaus Leipzig

Augustusplatz 8, 04109 Leipzig

搭乘 3、7、8 或 15 號電車至 Straßenbahnhof Angerbrücke 站下車

gewandhausorchester.de

心「德」筆記

1. 布商大廈的音樂廳有一座巨大的管風琴，琴身上 Res Severa Verum Gaudium 這行字為樂團的座右銘「真正的喜悅是件嚴肅的事」。
2. 提到聖多馬教堂不可以只想到巴哈，宗教改革領袖馬丁路德也曾在此講道（旁邊沒有路德的雕像真是太不公平了）。
3. 想看歌劇、聽音樂會建議先上網訂票喔！
4. 巴哈的作品也時常會在聖多馬教堂經典重現，古典音樂迷亦可多留意音樂會資訊。

PART 3
豬腳加酸菜

德國餐桌的田野調查

德國人，不只愛喝啤酒

啤酒造型杯

2

德國人最愛喝的飲料是咖啡，不是酒

啤酒是很多人對德國的印象，不過，咖啡才是德國的國民飲料，說是德國文化也不為過，露天咖啡廳遍布在德國的每個城市，每條街上，美好的一天，由咖啡開始（過半數的德國人會在早餐時喝咖啡）；寒冷的冬天，有咖啡陪伴；烈日的午後，享用咖啡與下午茶，德國美食以啤酒聞名，但德式生活卻因咖啡而悠閒美好。

德國是麵包王國

如同咖啡，麵包在德國人心中的地位也是居高不下的，德國人吃麵包的歷史已超過八百年，也累積了超過四百種德國麵包。對德國人來說，麵包是百吃不膩的，早餐是咖啡（到底有多愛咖啡）搭配白麵包、晚餐是全麥麵包與主食、可以單吃也可以配上香腸、起司、火腿、蜂蜜等配料；正餐以外，各地傳統活動或市集也有販售Brezel鹹扭結麵包，可以當做點心食用，連露天音樂會也時常看見人手一麵包的場景，由此可見德國人對麵包的喜愛。

Das ist mir Wurst! 對我來說都是香腸！

Das ist mir Wurst! 這句德國俗諺衍伸意思，其實是「對我來說都好」，或著更白話的說法「都可以啦！」，這句可愛的片語，因為德國香腸文化誕生，德國有超過一千種香腸，每人每年食用大約三十公斤的香腸，而各地都有不同的特色香腸。

會發泡的水才是經典好滋味

猶記第一天抵達德國，到超市買水時，因早耳聞德國人愛喝氣泡水，特別挑了包裝上寫著classic的礦泉水購買，口渴的我迅速結帳，然後大口喝下，就被滿口的氣泡嗆到了，經典款難道不是一般的水嗎？原來，在德

1 麵包店可愛的招牌
2 扭結麵包

國人眼中，氣泡水才可被稱為經典，德國人非常喜歡喝氣泡飲料，超市裡甚至販售一種可以讓飲料產生氣泡的氣泡水機（還常缺貨），德國友人告訴我，無氣的水讓人覺得langweilig無聊。

給我肉、肉、肉

德國有名的香腸與豬腳，皆是肉製品，到德國餐廳用餐，也常常被一大盤肉（旁邊有少的只能拿來裝飾的蔬菜）嚇到，據統計德國每年人均豬肉消耗量超過六十公斤，大概只有百分之六的德國人是素食者（臺灣則約有十分之一），而純素主義者（Veganer，拒絕一切與動物有關的食物及產品的人，拒絕乳製品也拒絕羽絨衣）更少，只占總人口的百分之二，雖然德國吃素的人口有逐年增加的趨勢，但整個國家對於肉的消耗，還是非常可觀的！

喝飲料也要做環保換現金

在德國購買飲料，喝完的空瓶別急著丟，帶到超市的空瓶回收機內回收，可以獲得0.08歐元到0.25歐元不等的超市現金券喔！在超市購物前出示，刷一下條碼就可以拿來折抵購物金，我覺得是個很棒的制度，大家都會願意拿瓶子出來回收，有天，拖著一大袋空瓶去超市，總共折了三歐元，根本超市購物小確幸。

在德國生活，認識不同的文化、破解刻板印象總讓我覺得很有趣，尤其飲食文化，更是能夠看出文化差異的部分，過了一年，我還是無法習慣德國的食物，通常都自己下廚，不過，離開德國之時，我也有點想念比臉還大的豬腳，太鹹的香腸加上更鹹的酸菜這些德國料理。

心「德」筆記

1. 不是所有的空瓶都可以回收喔！我試過拿法國帶回來的空瓶，結果被回收機拒絕了。
2. still是沒有氣泡的水、medium是含有適量氣泡的水、至於我一開始買錯的classic，則是含有高含量氣泡的水。

回收空瓶獲得的超市現金券

你有一隻豬（腳）！

不專業的德國豬腳食用指南

美食推薦指數

不負責任評價

來德國怎麼能不吃豬腳！就算食量小也要和朋友合點來嚐嚐看，再搭配清涼啤酒，這個畫面太德國了。

Schweinshaxe

Deutschland

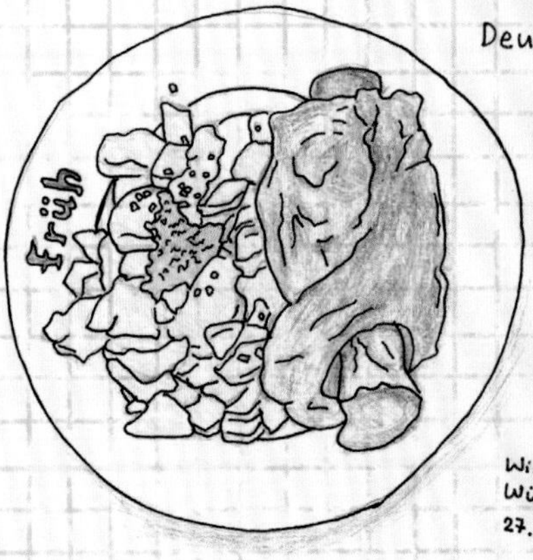

Windy in
Würzburg
27.6.2017

德國烤豬腳

德國有句俗諺Da hast Du ja Schwein gehabt! 你有一隻豬！有人這樣對你說絕對不是在罵你，而是你真好運的意思，豬在德國文化裡，其實也代表好運呢！德國豬腳大致分為兩種，Schweinshaxe 烤豬腳和 Eisbein 水煮豬腳，在奧地利豬腳則被稱為Stelze，而瑞士人稱豬腳為Gnagi，以下就簡單介紹一下德國豬腳的種類和配菜。

Eisbein 水煮豬腳

水煮豬腳起源於十九世紀，盛行於德國北部，加入各式香料熬煮，再搭上酸菜馬鈴薯等配菜，就是最典型的北德料理了，聽說口感綿密帶有膠質，說來慚愧，我待在德國一年竟然沒有吃過這樣的豬腳。但還是來講講水煮豬腳的由來，Eisbein 這個字其實挺有趣的，直接翻譯就是「冰腿」，這個名稱是有根據的，從前德國人會使用豬腳這個部位的骨頭，拿來在冰上滑行。

Schweinshaxe 烤豬腳

烤豬腳是典型的南德傳統料理，連學校食堂也吃得到，坐在戶外搭建的棚狀啤酒屋，點一杯一公升大啤酒，與三五好友對視乾杯，大啖比臉大的豬腳、豪飲一杯又一杯啤酒，不知道這樣的畫面是不是你對德國的印象呢？烤豬腳無疑是外國人心目中的德國料理代表，又酥又脆的豬皮，加上入味鮮美的豬腿肉，德國必吃料理當之無愧。

烤豬腳大多分成煙燻和碳烤兩種方式，我個人喜歡煙燻豬腳。

豬腳好吃，不過，豬腳的配菜們無疑餐桌上重要的角色，簡單介紹一下幾種豬腳常見配菜，當然不只豬腳，這些菜也常常拿來搭配各種主食。

Sauerkraut 德國酸菜

德國酸菜的原型是切絲的洋白菜，加上鹽與香料的醃製，聽說具有開胃和幫助消化的功能，我個人沒有很喜歡，覺得鹹上加鹹，不過酸菜還是有發揮它降低肉的油膩感的功能，廣受德國人的喜愛，豬腳加酸菜便成了一個固定的好夥伴組合。

Knödel 馬鈴薯球

Knödel是德國南部的稱呼，別的地區則叫Klöße，馬鈴薯球吃起來很像糯米糰，是我最喜歡的德國料理之一（常常在學校食堂為了吃Knödel點豬腳），馬鈴薯球的作法不難，馬鈴薯泥加麵包、牛奶、蛋等簡單常見的食材即可製成，超市裡也有販售它的料理包，很適合搭配肉類主食的簡單美味配菜。

Bratkartoffel 香煎馬鈴薯

香煎馬鈴薯也是一道德國常見的料理，將馬鈴薯表面烤得金黃酥脆，內裡則是鬆軟又入味，常常用洋蔥等香料提味，會讓人忍不住一口接一口，也很適合當開胃菜，在餐廳用餐，我總是喜歡把薯條換成香煎馬鈴薯或馬鈴薯沙拉（這樣才德國）。

Kartoffelsalat 馬鈴薯沙拉

馬鈴薯切片佐香料的冷盤，真的是完勝所有普通沙拉的一道沙拉啊！鹹得恰到好處，冰涼又夠味的馬鈴薯沙拉既解膩又開胃。

1 在餐廳用餐主食常常搭配馬鈴薯沙拉
2 皇家啤酒屋烤豬腳配馬鈴薯球

烤豬腳配香煎馬鈴薯

Bier 啤酒

來德國，怎麼可以忘了啤酒？不同地區的豬腳搭配該地特產啤酒，這樣的吃法最棒了。

美食資訊懶人包

科隆 FRÜH

- Am Hof 12, 50667 Köln
- 科隆大教堂對面，火車站出來步行可抵達
- frueh.de

Hofbräuhaus 皇家啤酒屋

- G.P. Parkhaus Betriebs-GmbH, Hochbrückenstraße 9, 80331 München
- 搭乘地鐵 U3、U6 至 Marienplatz 步行約三分鐘即可抵達
- hofbraeuhaus.de

心「德」筆記

1. 位於科隆的 FRÜH 是我最喜歡的餐廳之一，這間餐廳在當地也非常有名，是間百年老店，一份 10 幾歐元的豬腳，有沙拉和香煎馬鈴薯，兩個人吃一份就很飽（不過我的食量不大，僅供參考），烤豬腳非常入味，香煎馬鈴薯也烤得恰到好處，再搭配餐廳自己釀製的科隆啤酒，就是最道地的德國好滋味了。
2. 皇家啤酒屋烤豬腳口味很傳統經典，亦提供了現場演奏，非常有氣氛，巴伐利亞的傳統氛圍在這裡。
3. FRÜH 除了有烤豬腳亦提供水煮豬腳供饕客們選擇。

皇家啤酒屋樂團表演，為美食享用時光更增巴伐利亞風情

德式水餃

德國，不只有豬腳，
別忘了水餃

美食推薦指數

不負責任評價

德式水餃可說是德國隱藏版美食，不起眼的水餃皮包裹的是傳統的德式美味。

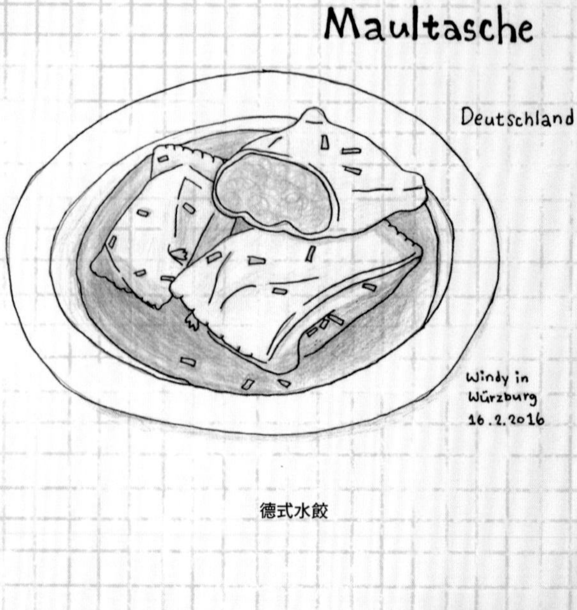

「德國的食物怎麼樣？」來德國以後常常被問到這個問題，德國的食物偏貴又重口味，老實說不是非常合我胃口，在德國我還是以自己煮為主，大家對於德國食物的印象大概不是豬腳就是香腸，德式水餃其實也很值得大家嘗試的。（維基百科稱呼它為德式餛飩，但它的樣子比較像水餃。）

德式水餃的德文Maultasche是有意義的，Maul是嘴巴，Tasche則是包包，兩個單字合在一起就有嘴裡或包包裡裝滿食物的涵義，德文很多單字都是組合在一起的，背某些單字可以利用拆字的方法來記憶，再舉一個例子：**Befürworter**，**Befür**就是be for，Wort是詞語，加er表示人，合在一起為了某句詞語的人，**Befürworter**就是支持者的意思，德文雖然有複雜的文法，但學習德文還是會遇到有趣的單字！

扯遠了，讓我們再回到水餃的主題，德式水餃是德國南部的特產，傳說是由一名修道士發明的，而發想的原因竟然是因為修道士想在齋戒期間偷吃肉，將絞肉包進水餃裡面，大家就不知道他在吃肉囉！因此，德式水餃也有個暱稱叫做Gottesbescheisserle欺騙神的食物。

德式水餃為方形，裹著厚厚的黃色麵皮，內餡多為豬絞肉和菠菜，雖然長得很平實，看起來也不怎麼美味，但吃起來卻有種平淡的幸福，通常會將德式水餃與蔬菜清湯一起烹煮，待水滾後水餃熟了，就可以撒上香菜或黑胡椒調味，開心享用，這道菜很家常，是德國很多家庭的日常菜單，各大超市也有販售一包包現成的水餃，煮熟即可食用，水餃富含蔬菜與肉的營養，味道也算清淡，吃三「塊」水餃（因為它是方形的）就能夠感受飽足感，來德國，不只有豬腳，別忘了水餃。

心「德」筆記

在德國逛超市，吃膩大魚大肉，可以選購德式水餃回去煮。

學校食堂裡的德國料理

食堂亦是德式美食殿堂

美食推薦指數
（看運氣囉）

不負責任評價

德國食堂的食物，嗯，有好有壞（對一個東方胃口來說），選肉類比較不會踩雷。

學校食堂的巴伐利亞傳統料理

連食堂都響應歐洲盃足球賽，為德國隊加油

德國食堂是你的經濟好選擇

在德國外食很貴，不過超市的物價與臺灣差不多，自行開伙絕對是在德國生活省錢的最佳選擇，再加上德國料理口味偏鹹，又時常缺乏蔬菜料理，因此，我在德國讀書期間多半自己下廚，不過，德國學校食堂也是經濟美味的好選擇，下課時與同學相約食堂吃飯聊聊天更是德國生活的美好回憶，我交換的學校共有七間食堂，販賣的菜色與價格都不盡相同，上學期剛蓋好的新食堂是我的最愛，食物好吃、採光佳、地理位置也不錯，在食堂結帳使用學生證刷卡可享有優惠的學生價，一份主餐約兩、三歐元左右（臺幣七十至一百元），想吃得豐盛一點，多拿一份沙拉、水果、甜點、飲料算下來大概就要五至七歐元左右（臺幣一百八十至兩百五十元），這個價格其實比大部分的德式餐廳便宜，就算沒有學生證優惠，也還算划算，到德國旅遊時，想體驗一下德國美食及德式校園生活，食堂是你最佳選擇。

到學校食堂體驗德國傳統料理

在不同地區的食堂用餐，可以品嚐到不一樣的地方料理，我的學校位於巴伐利亞邦，學校食堂最常見的當然就是巴伐利亞地區的傳統料理了，像是豬腳與馬鈴薯球，它們都是巴伐利亞傳統料理，豬腳也被視為德國最有特色的料理之一，尤其是Schweinhaxe 烤豬腳（德國北部經典的料理方式則是Eisbein 水煮豬腳），除了可以搭配有糯米糰口感的馬鈴薯球外，通常還會搭配Sauerkraut 德國酸菜或Kartoffelsalat 馬鈴薯沙拉（馬鈴薯切片佐香料的冷盤，吃起來又酸又鹹很開胃，德國也有許多餐廳提供了薯條換成馬鈴薯沙拉的配菜選擇），來德國旅遊，看不懂菜單沒關係，推薦點Schweinhaxe 烤豬腳或Schnitzel 炸肉排，點肉食踩雷的機率相對低一些，當然肉吃多了很容易膩就是另外一回事了，一份豬腳與馬鈴薯配菜的料理，在食堂使用學生證用餐，幾乎是外面餐廳的半價。

1、*2* 學校食堂的各種料理

精心擺盤的魚排搭配馬鈴薯沙拉，非常吸引人

不只傳統，還有特別奇怪的那些料理

一份肉食搭配馬鈴薯、披薩及義大利麵是學校食堂最常出現的料理，不過偶爾，特別的料理也會在食堂出現，我的同學就曾在學校食堂裡吃過鹿肉，而最讓人無法理解的一道菜是表皮淋滿香草醬，切開還有草莓醬的麵包，吃起來甜死人不償命，隔壁的德國同學卻吃得津津有味，還有一次我點了一盤肉醬義大利麵，吃下一口，唉！騙我，肉醬竟然是花生偽裝的，又甜膩又鹹的口感讓人哭笑不得，也許是文化與味蕾的差異，德國美食不一定都會讓我覺得好吃，吃學校食堂偶爾還是會吃到不合胃口的特別料理，但這何嘗不是一種有趣的文化體驗呢？

INFO

美食資訊懶人包

（以下列舉三間大學的食堂供大家參考，幾乎每所大學都有不只一間學生餐廳，來德國旅遊，在學生餐廳用餐應該也是一種特別的體驗。）

海德堡學生餐廳

stw.uni-heidelberg.de/de/mensen

海德堡大學共有五間食堂，開放時間及地址請詳見官方網站。

不負責任評價

在海德堡交換的朋友真心推薦，便宜又好吃，能夠買到低於 1 歐元的蛋糕，還能買到啤酒的食堂哪裡找啊？特別推薦外型似城堡的 Marstall mensa，海德堡最受歡迎的食堂，校外人士亦可在此用餐，不過沒有學生價划算就是了。

烏茲堡學生餐廳

studentenwerk-wuerzburg.de/wuerzburg/essen-trinken/mensen.html

烏茲堡大學共有七間食堂，開放時間及地址請詳見官方網站，另外不是每間餐廳都有在晚上營業，要特別注意。

不負責任評價

我個人最喜歡的是 Mensateria Campus Nord，食物不貴又好吃，而且新的食堂很漂亮，給人愉快的用餐氣氛；Burse Würzburg 價格比較貴，但擺盤很美，食物也很好吃。（註：烏茲堡許多學生餐廳未開放校外人士用餐。）

艾爾福特學生餐廳

uni-erfurt.de/campus/mensa-co

艾爾福特共有四間食堂，開放時間及地址請詳見官方網站。

食堂 app：imensa.de/erfurt/index.html

（這間學校竟然有食堂 app，學生饕客好幸福）

不負責任評價

目前吃到價格最便宜的食堂 Mensa Nordhäuser Straße，1 歐元的義大利麵讓人感覺幸福啊！校外人士亦可在此用餐。

心「德」筆記

1. 並不是每間學校食堂都提供校外人士用餐，有些食堂只開放中午用餐，想體驗德國食堂，記得先查好相關資訊喔！
2. 學校食堂的餐點計價方式都不太一樣，大多是秤重式或單點式，飲料也是另外計價，不過有些食堂也會提供套餐，我通常選擇單點主餐，食堂主餐的份量都不小，大塊的肉讓人很有飽足感。
3. 通常德國傳統甜點對臺灣人來說都有點過甜，想吃甜點建議選擇蛋糕，個人覺得踩雷機率比較低。
4. 德國豬腳、馬鈴薯沙拉、炸豬排絕對是在德國必吃美食。

小熊軟糖

紅遍德國、萌翻世界的可愛糖果

Gummibärchen

Deutschland

美食推薦指數

不負責任評價

來德國怎麼能不吃小熊軟糖！就算不吃也要當伴手禮買回去，在德國一年，我吃過的小熊軟糖大概跟喝過的啤酒一樣多了。（但老實說軟糖比較容易踩雷，口味千萬要慎選。）

BÄRCHEN-PÄRCHEN 小熊情侶軟糖，兩隻手牽手的小熊造型萌翻了不說，還特別有巧思，一隻是酸的水果口味，另一隻是甜的，酸甜加在一起吃大概就好似戀愛的酸甜滋味吧！撇開造型不談，酸甜口味讓人吃了特別上癮，也是我喜歡的口味之一

Windy in Würzburg 20. 2. 2017

Haribo 時常配合流行與節慶，推出新口味、新包裝的產品，圖為小小兵特別版軟糖禮盒

在德國交換，不只要學習德文，嚐遍各地的零食甜點也是一個交換生的目標，每週到超市採買食材以及新推出的零食，是德國生活的確幸，德國人嗜吃甜，超市裡排列著各式零食，還會依照季節、節日推出限定版商品，小熊軟糖就是德國的特色零食之一，甜而不膩又有嚼勁的口感，讓人常常在不知不覺中一口接著一口，得到心靈以及體重的滿足。

站著跳舞的熊

小熊軟糖起源自德國，過去，馬戲團在市集裡十分受到小朋友歡迎，「站著跳舞的熊」則是馬戲團必備戲碼，一九二二年，Hans Riegel 在德國波昂研發出一種以馬戲團小熊為造型的軟糖，並開始於他們家族的 Haribo 糖果公司販售，Haribo 就是 Hans Riegel 的縮寫加上 Bonn 波昂而來的，波昂不只是貝多芬的故鄉，也是小熊軟糖的故鄉，可

2

1

愛討喜的小熊軟糖和馬戲團小熊一樣廣受喜愛，小熊軟糖逐漸從德國走向世界，Haribo 也幾乎成為小熊軟糖的代稱，來到德國，一定要買幾包小熊軟糖當紀念品帶回去。

小熊，笑一個好嗎？

不過，我們現在所熟悉的 Gummy bear 小熊軟糖這個造型，其實是經過「改良」的，最早先的小熊軟糖，表情有些凶神惡煞，也許小熊也不是那麼情願想跳舞，二〇〇七年後才被改成更親民的笑臉熊軟糖。

不只小熊，還有更多造型軟糖

在各大超市裡，總能看到一大區擺滿各式口味的 Haribo 軟糖，並不時打出特價（一包不到一歐元時，常常可見不分年齡層的德國民眾前來採買，可見其受歡迎的程度），配合季節與流行，更推出不同口味和造型，不只局限於小熊，還有像是藍色小精靈、萬聖節口味等等，可愛的造型讓人想忽視色素一定很多的事實，歐洲杯足球賽時，Haribo 甚至推出了德國國旗造型（說真的，黑紅黃的配色看起來不太美味，但當時從冰淇淋到蛋糕，整個德國食品界都在販售「黑紅黃」，愛國的德國人的確很買單），那麼多種類的軟糖，當然有幾種吃起來不是那麼美味，也有幾種軟糖好吃到讓人瘋狂回購。

Bären-Treff 小熊軟糖

Haribo 固然有名，不過提到小熊軟糖，一定要介紹 Bären-Treff 這個牌子，與 Haribo 走流行主打各種可愛造型及風味的路線不同，Bären-Treff 的軟糖往往沒有華麗的外表，僅使用簡單的包裝，主打的則是軟糖的質感，以純果汁製作，雖然口味的多樣不及 Haribo，但更好咀嚼，不

1 Haribo 小熊情侶軟糖
2 Bären-Treff 小熊軟糖

小心吃完一整包下巴都不會疲乏，水果味道更香甜，在大超市雖然買不到 Bären-Treff，不過別擔心，Bären-Treff 在許多城市都有分店，分店裡還提供了軟糖試吃及客製化服務，甚至提供了軟糖生日蛋糕，店員還會親切地推薦不同口味的軟糖，來到德國買小熊軟糖，也別忘了多方比較，Bären-Treff 比 Haribo 略貴一些，但如果你追求口感勝過於紀念性的話，Bären-Treff 就是一個很好的選擇。

美食資訊懶人包

HARIBO Store Bonn Haribo 小熊軟糖旗艦店（同時也是第一間 Haribo 商店）

- Neutor 3, 53113 Bonn
- 搭乘地鐵或電車至 Bonn Universitaet ／ Markt 站下車，步行五分鐘內可抵達（從中央車站出發不遠，亦可步行抵達）
- 週一到週六 10:00-17:00（週日公休、特定節日調整開放時間）
- 免費參觀（但我相信你還是會花錢在這些小熊身上）
- haribo.com/deDE/shops/haribo-store-bonn.html

HARIBO-FabrikverkaufHaribo 小熊軟糖工廠直營販售部

- Friesdorfer Str. 121, 53175 Bonn
- 搭乘 U16、63、67 號至 Bonn-Plittersdorf,Wurzerstr. 站下車，在 die Elsaesse Str. 出口出站，步行十分鐘內可抵達
- 週一到週五 09:30-18:00／週六 09:30-16:00（週日公休、特定節日調整開放時間）
- 免費參觀（但我還是相信你會花錢在這些小熊身上）
- haribo.com/deDE/shops/fabrikverkauf/bonn-bad-godesberg.html
  （Solingen、Neuss、Mainbernheim、Wilkau-Haßlau 這些德國城市也有小熊軟糖工廠，詳情請見：haribo.com/deDE/shops/fabrikverkauf.html）

Bären-Treff

- baeren-treff.de

門市資訊：許多城市都有門市，營業時間不一，分店地址及營業時間請見官方網站。

心「德」筆記

1. Haribo 出產的軟糖中，特別推薦 BERRIES 覆盆子和黑莓口味，造型就像真的莓子一樣，以彩色糖粒包裹著莓果味橡皮糖，少了一點嚼勁，多了更多香甜糖粒的口感。
2. 黑色的 Haribo 軟糖，例如輪胎造型軟糖，是德國傳統甘草口味，個人覺得味道頗為奇妙，也是最多（德國以外的）朋友覺得地雷的口味，不喜歡藥味別吃啊！
3. Bären-Treff 軟糖則推薦水蜜桃口味及莓果口味軟糖，許多分店亦提供試吃，試吃後再購買當然是最好的。（不然一買就是一大包軟糖）
4. Haribo 小熊軟糖工廠直營販售部的軟糖有略比一般超市賣得便宜，參觀之餘，可以多帶一些回去。

沙威瑪烤餅

在德國愛上土耳其美食

美食推薦指數

不負責任評價

Döner 絕對是您火車之旅的好夥伴！向火車站裡的小攤販購買高 CP 值又美味的烤餅，帶上車配著窗邊的風景享用，也是我在德國旅行的日常。

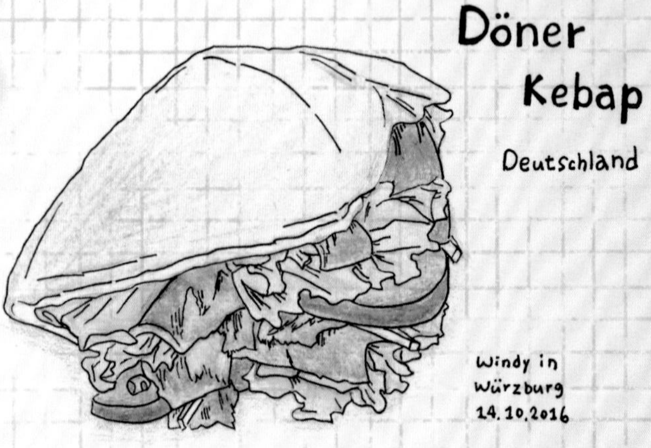

德國的火車站裡、街道上總是有幾間充滿異國風味的小小店面，土耳其店員站在只容得下一、兩人的空間裡，熟練地從旋轉肉串刮下肉片鋪在烤餅上，再大方地加上各式生菜（完全怕你飲食不均衡的樣子），詢問口味喜好後，再淋上醬料，遞給我一份比臉還大的烤肉餅捲。

德國外食很貴，餐廳的一份主餐大概都要臺幣三百至五百元，想省省錢，吃麵包或沙拉都感覺很生冷，沒有飽足感，又怕營養不均衡。土耳其小吃 Döner 完全可以解決以上問題，既便宜（臺幣一百多元左右，在德國算是便宜的外食價格），又均衡有菜有肉，最重要的是：熱的！（激動），除了中餐外，德國人很習慣食用冷食，Döner 完全滿足了我這個熱食愛好者的胃，集眾優點於一身的它，大概是德國 CP 值最高的美食了。

Döner Kebap 直接翻譯為土耳其旋轉烤肉（臺灣比較常稱為沙威瑪，我覺得還是喜歡稱它「嘟呢」Döner，這也是德國常見的簡稱）Döner 的意思是旋轉，Kebap 則是烤肉。二戰後德國勞力短缺，湧入大批外國移民，又以土耳其人居多，許多土耳其人也就在此開設小吃店，把 Döner 發揚光大，便宜好攜帶的烤肉受到不少勞工與年輕人的歡迎。

現今流行的這種土耳其旋轉烤肉，其實是一九七一年在柏林改良過的版本，更符合德國人的口味，種類也更多，除了常見的捲餅外，也有推出餡料換成薯條、或是全素食的捲餅，還有也可以帶著走的烤肉餐盒，如果覺得比臉還大的 Döner 分量太多，許多店也提供兒童版 Döner（大概是半張臉的大小）。在柏林境內就有約一千六、七百間 Döner，這個數量還超過德國麥當勞的數量，由此可見 Döner 是多麼受到德國人喜愛。

心「德」筆記

1. 二戰後德國勞力短缺，湧入大批土耳其人，這樣的歷史也是很多德國電影的題材，電影《歡迎來到德國》就是很好的例子。
2. Döner 的醬料有幾種可以選擇，比起美乃滋，我覺得優格醬比較好吃，不妨試試看。

拎一個
啤酒肚回去

不專業的德國啤酒飲用指南

美食推薦指數

不負責任評價

德國幾乎跟啤酒畫上等號了吧？來德國，就算不喝酒也要喝無酒精啤酒假裝一下，感受一下啤酒國度的魅力

德國小麥啤酒

2

1

德國有三寶：豬腳、香腸、啤酒肚（是啤酒不是啤酒肚！只是想配合一下口訣），德國人愛喝啤酒，德國甚至有超過五千種啤酒，來德國喝啤酒，看到餐廳裡一整面菜單的啤酒，或是超市裡一整櫃的啤酒，不知道要怎麼選擇嗎？在此簡單介紹幾種常見的德國啤酒，Prost! 乾杯！

Pils 清啤酒

又叫 Pilsener，起源自捷克，後來經過德國巴伐利亞釀酒師的改良，廣受歡迎，外觀是透明清澈的淡黃色，喝起來略苦（別人說略苦，不過我覺得真的很苦）但很清爽順口，很解渴，也適合搭配德國的傳統重鹹料理，各地口感略有不同，算是德國啤酒的基本款。

Weizenbier 小麥啤酒

顧名思義為使用小麥製造的啤酒，部分地區稱為 Weißbier，這種啤酒也很常見，也依過濾與否及小麥種類分為許多品種，外觀當然略有不同，例如過濾過的 Kristallweizen 水晶小麥啤酒，色澤淺而清澈，基本上小麥啤酒喝起來都很順口，容易起泡，帶有碳酸氣泡的口感，比 Pils 又更甜了一點，是德國啤酒的入門款，小麥啤酒適合當開胃酒，配菜也是百搭。

Altbier 黑啤酒

黑啤酒起源於杜塞爾多夫，顧名思義顏色較深（加入較多的啤酒花），麥的味道比較濃，alt 是老舊的意思，這種酒遵循古法釀製，也被稱為老啤酒。

Radler 檸檬啤酒

檸檬啤酒是我最喜歡喝的啤酒，其實是由啤酒加檸檬汽水製成的，喝起來甜甜的又不失酒的口感，Radler 起源於二十世紀初的巴伐利亞地區，在當地的方言中為騎自行車的人，這樣甜而酒精濃度低的啤酒，喝完不會醉就能繼續上路，大概是為了愛喝酒到連騎車前都想喝酒的德國人發

1 有酒精及無酒精的小麥啤酒
2 檸檬啤酒

明的，是種很「不啤酒」的啤酒，每次在餐廳裡點這種酒都會被嘲笑根本不會喝酒，不過沒關係，好喝就好，也推薦給不常喝酒卻想品嚐看看德國啤酒的朋友。

Helles 淡啤酒

顧名思義就是看起來顏色較淡，酒精濃度較低，味道也較淡的啤酒，非常容易入口（小心！也很容易喝醉），盛行於德國南部，可以列為慕尼黑啤酒節必喝，比Pils甜，但沒有Weizenbier 那麼甜，推薦大家可以在餐廳裡點這種酒。

Kölsch 科隆啤酒

超！級！好！喝！到科隆除了看科隆大教堂，喝啤酒是第二件有意義的事情，德國許多城市都有推出自己的啤酒，科隆啤酒更是好喝到各地德國人都喜愛，口感清淡易入口，優雅的裝在200ml 的瘦長玻璃杯，我想就算不愛喝酒的人也會想嘗試看看吧！

Alkohofreies Bier 無酒精啤酒

介紹了那麼多，你跟我說你不喝酒？來德國怎麼能不喝酒？不喝酒沒關係，可以選擇無酒精啤酒，一樣裝在酒瓶裡，用麥的味道混淆你的嗅覺神經，德國小屁孩的最愛。

簡單又不專業的介紹幾款啤酒，烈酒我比較沒有研究，就無法在此分享了，因為我是屬於那種喝酒就臉紅，很不能喝酒的體質，德國超市裡啤酒超級便宜，有的時候還比水便宜，非常推薦大家到德國喝喝看各種啤酒，拎個啤酒肚回去。

心「德」筆記

啤酒瓶是可以回收換銅板的，喝完別急著丟，可以找間超市投入空瓶回收機換取購物金喔！

1 科隆啤酒
2 烏茲堡產的淡啤酒
3 黑麥汁也是一種無酒精啤酒，又被稱為兒童啤酒

對我來說都是香腸

說到德國，你一定會想到的德國香腸

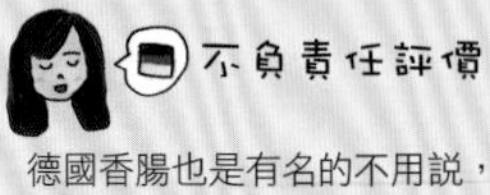

德國香腸也是有名的不用說，千奇百怪的種類更等著你嘗試。

Currywurst

Deutschland

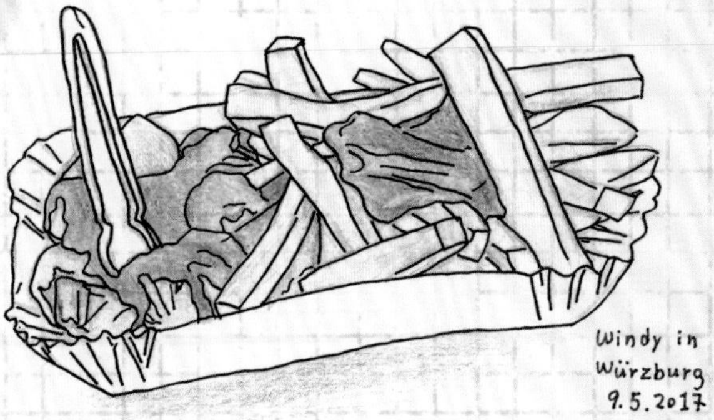

德國咖哩香腸

德國有句俗諺：「Das ist mir Wurst. 對我來說都是香腸。」；這句話意思是：隨便都好！拿香腸當做隨便的比喻，由此可知香腸在德國是多麼受歡迎與氾濫，德國有大約一千多種香腸，據統計，每年每位德國人平均吃掉約三十公斤香腸，近年來德國素食人口增加，市面上還推出素食香腸，也廣受好評（德國人到底多喜歡香腸），要介紹一千種香腸實在太困難了，在此精心挑選幾種值得吃看看的德國香腸。

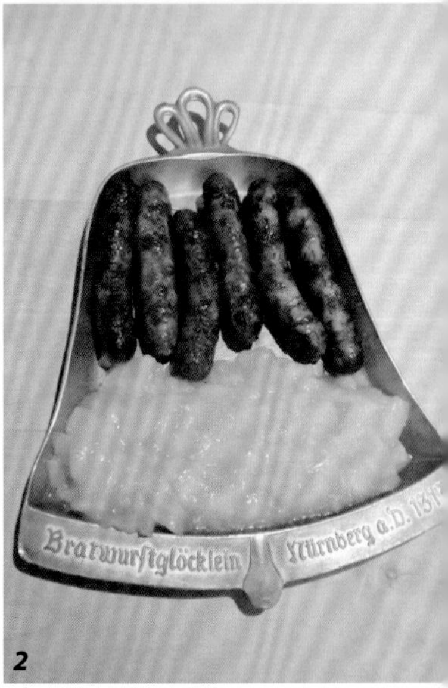

Bratwurst 油煎香腸

最常見的德國香腸，從餐廳到火車站裡的小販都可以找到它，多由絞肉製成，有超過五十種不同的類別，各地的油煎香腸從烹調方式到原料也不盡相同，我個人喜歡夾在麵包裡的油煎香腸，麵包中和了香腸鹹而有些油膩的口感，向火車站裡的小販購買一份油煎香腸麵包，適合搭火車時搭配窗外風景享用。

Nürnberger Rostbratwürstchen 紐倫堡香腸

紐倫堡最有名的小吃，也是我目前為止最喜歡的德國香腸種類。紐倫堡香腸大約起源於十三世紀，最大的特色是其外型大概是一般香腸的二分之一到三分之一，傳說中世紀時實施宵禁，紐倫堡香腸剛好小到可以穿過門鎖，遞給飢餓的房客，紐倫堡香腸吃起來又油又鹹，但是加了香料調味，十分美味，推薦搭配馬鈴薯沙拉來個鹹上加鹹（我認真的），再配上一杯啤酒，就是正統的德式風味了，紐倫堡我只去過一次，不過超市賣的那種袋裝紐倫堡香腸，我倒是買過不少次，在鍋上煎烤個幾分鐘，又變成一道懶人好料理了，二〇〇三年，紐倫堡香腸甚至獲得歐盟地區理保護認證，規定在紐倫堡地區按照食譜製作的香腸才能被叫做「正宗紐倫堡香腸」。

Currywurst 咖哩香腸

大概是德國最有名的香腸之一，切塊的香腸淋上番茄醬與咖哩粉，時常搭配薯條，咖哩加香腸並沒有想像中的衝突，反而有種特殊的美味，咖哩香腸大約起源於二戰時期的柏林，不過真正的由來眾說紛紜，只有美味，是所有德國人認同的，德國人每年

1 油煎香腸搭馬鈴薯沙拉
2 紐倫堡香腸

吃掉八億條咖哩香腸（其中七億條是柏林人吃的），柏林甚至有間咖哩香腸博物館，可見柏林人對咖哩香腸的熱愛。

Thüringer Rostbratwurst 圖林根香腸

接下來介紹的圖林根香腸，也是油煎香腸的一種，據說有六百年左右的歷史，以及受到歐盟委員會認證的「受保護的地方特產」，根據規定，圖林根香腸必須在圖林根地區生產、包裝，部分原料要來自圖林根地區，而且必須用木炭燒烤製作，按照幾百年以來的傳統，在碳烤香腸上淋上芥末醬或番茄醬，夾在麵包裡，搭配圖林根地區的美景，邊走邊享用，也許是經過特殊香料調製、或是因為嚴守木炭燒烤的規定，圖林根香腸吃起來特別香，拿在手上，保證你羨煞路邊的鴿子，來到圖林根旅遊，別忘了尋找販賣香腸的小販。

Weißwurst 巴伐利亞白香腸

香腸也有白色的?!白香腸可是巴伐利亞地區的傳統，剁碎的牛肉和豬肉，加上各式香料水煮製成，遵循傳統，最好在早上食用，在教堂正午的鐘聲響起前食用完畢，香腸才不會變質，慕尼黑式的吃法還規定了不使用刀叉，應該是種「嚴格」的香腸吧！

Blutwurst 血腸

我承認我被這樣的名稱嚇到，完全不敢嘗試，血腸的內容物多為豬的血液、脂肪、外皮、香料。

Salami 莎樂美腸

莎樂美腸其實來自義大利，不過相當受到德國人的歡迎，是一種風乾香腸，也是披薩的常見配料，亦可以搭配紅酒食用。

Teewurst 下午茶香腸

這種香腸非常特別，略帶酸味，德國人會把這種香腸塗抹在三明治上，當做下午茶食用，故名下午茶香腸。

心「德」筆記

紐倫堡香腸外型大概是一般香腸的二分之一到三分之一，所以被稱作 Würstchen，德語 Würst 是香腸；單字字尾加 -chen 有小的意思，Würstchen 就是小香腸啦！

貼心提醒：在歐洲拿著香腸邊走邊吃，千萬要小心鴿子的攻擊。

德國留學生活

德國最美的風情，看似嚴肅
卻是尊重他人的淡熱情

散步行人的背影

臺灣最美的風景是人，那德國呢？不只是城堡、教堂、森林，德國人本身就是很有趣的民族；雖然一開始我並不這麼認為。

離開臺灣那晚，笑著和家人揮手道別，獨自一人搭乘飛往法蘭克福的班機；然而抵達德國那一剎那，過了入境大門，眼淚還是不由自主落下。第一次感覺出國是件沉重的事，面對無法遙望盡頭的一年，以及對未來的不確定，為什麼要出國當交換生的念頭湧上來，當初堅持的信念突然動搖了。

二〇一五年六月底順利辦完簽證後，利用餘下的暑假時光準備即將展開的旅程。起初是期待，在大學學了三年的德文後，終於有機會到德國生活一年；以前所擁有的片面印象加上對德國的憧憬編織了最初的「德國夢」。隨著出發到德國交換的日子一天天逼近，不安取代了期待；一切都從夢想開始，然後才發現，原來逐夢並不是全然浪漫的事。

剛離開臺灣，離開家人朋友到異鄉生活，陪伴我的是孤單以及一點點僅存的勇氣。太習慣臺灣人的友善與熱情，面對不同的國情，以及剛開始獨自生活，在德國頭幾天其實飽受挫折。從買東西到辦手機、辦學生證等等麻煩而複雜的手續，都可以是令人崩潰的理由。

在臺灣時，我曾擔任過德國學生的學伴，記得他抵達學校的那天，我們到便利商店買手機預付卡，店裡的工讀生很熱心地說明不同通話及網路方案，並當場開通使用。然而，換我一個人到德國的電信行購買手機預付卡時，店員卻沒有多加說明。

「要怎麼開通我的電話卡呢？」我詢問店員，他只是冷冷地說：「上網或打電話自行開通就可以了。」我似懂非懂地點頭，走出電信行後，覺得不對勁又再繞回去。「如果方便的話，我想請你幫忙。我才剛抵達德國，宿舍還沒有網路，我其實不懂要怎麼開通門號。」我認真地說明與請求。「好吧，我幫你！」順利地得到手機門號，這是在德國迷惘的第一天。

不只是德國人，還有，連「門鎖」也不怎麼友善。剛到德國時，用盡各種方法，卻怎麼也轉不開宿舍的門，第一天就給關在宿舍足足兩小時，真是「叫天不應，叫地不靈」。好不容易終於開門走出宿舍，怎知道回來以後，提著大包小包的我，又忘記怎麼開門，一轉再轉，只好下樓找房東求救。

「我開不了宿舍的門。」真的好丟人啊！

「什麼，你不會用鑰匙嗎，你們家的門都沒有鎖嗎？」房東驚訝地看著我，接著輕輕鬆鬆用鑰匙打開門。「轉，然後拉一下門，就這麼簡單。」我點點頭。「那換你試試看。」房東很堅持看著我成功開了三次門之後才放心離開。

「你會開門了嗎？」隔日遇

到房東，他劈頭就問。我想，這就是德國人直接的「關心」。後來，我才知道，很多留學生和我有相同經驗。相信我，打開德國大門，是有「訣竅」的，雖然並不難，但江湖一點訣，說破不值錢，如此而已呀。

類似的事情一再發生，一開始我總抱怨德國人太冷漠，後來漸漸發現，說冷漠太沈重，原來那是我對他們的誤解；溝通方式與不同想法間，往往會造成偏見。德國人很尊重他人，與陌生人保持著禮貌互不侵犯的態度是他們的習慣。幾次的挫折讓我明白，遇到問題時，勇敢且清楚地尋求幫助，還是能得到德國人友善的回應。

不過，清楚地溝通並不能只靠流暢的語言。

雖然到德國之前，我已經學過三年德文，卻還是感覺不夠扎實。有時候德國人說話比較快，那我就聽不懂了，字彙量的不足，也讓我常常無法清楚表達。一開始我總是不懂裝懂，茫然地點點頭，得到的卻是對方的不耐煩。於是我試著請他們說慢一點，清楚一點，發現這才是有效的溝通方式，他們會耐心向我解釋。

有次與德國朋友聊天，我跟她說：「剛來到德國，我的德文不是很好，沒辦法講得那麼流暢。」「不會啊，我都瞭解你在說什麼，聽不懂的時候可以隨時

1 吃，是一種想家的方式，亞洲超市販售的「思念的水餃」，不知道給了多少德國遊子在這裡生活的勇氣

2 提著兩只行李箱，在德國展開一年大冒險

心「德」筆記

1. 許多交換生都在 9 月出國，暑期辦理簽證時間非常熱門，建議盡早預約、盡早辦理。
2. 若下飛機後沒有親朋好友或學伴接應，可以事先查好交通方式，甚至事先訂購火車票（還會比較便宜呢！），有先做好功課能夠更從容面對新生活。
3. 一句德文都不會也沒關係，把 Hallo 掛在嘴邊，隨身攜帶你的微笑，也一定能在德國好好生活。

跟我說。」原來，語言並不是異國留學裡最大的困難，彼此間良好的理解才是；把事情與需求講清楚，在德國文化中是很重要的一個觀念。到不同的國家，試著理解他們的文化是必要的，理解的同時，也能得到一份尊重，有時候還能得到一份友誼。

德國人很嚴肅，那種嚴肅，主要表現在認真的生活態度。其實他們是很友善的，尤其是搭乘火車時，更能感受到德國人的這項特質，在德國，與鄰座的陌生人聊天相當稀鬆平常。

有次我搭乘火車前往法蘭克福，一對老夫妻禮貌地用英文詢我旁邊的空位是否有人。「沒有，請坐。」一聽到我用德文回答，老先生與老太太便開始和我聊了起來，原來他們要去機場搭飛機，然後到杜拜搭乘豪華郵輪渡假。聽到的當下，我好生羨慕啊！告訴他們我要去展場擔任翻譯後，老先生眼睛突然為之一亮，詢問我學德文的經過，「那你之前學了多久德文？」、「現在在德國讀書嗎？」，接著熱心地告訴我下火車後要如何抵達展場。「再見，我相信你會是一個很好的翻譯。」也許陌生人僅是一面之緣，但是這句肯定的話語，成為接下來在展場工作最好的鼓勵。

到德國當交換學生，遇到的困難挫折很多，但是溫暖的幫助更多。每個不經意的關心與微笑，對獨自在德國生活的我來說都是很重要的；夢幻的新天鵝堡、雄偉的科降大教堂、神祕的黑森林，以及「外冷內熱」的德國人，這些都組合起來才是德國最美麗的風景。

茲茲堡的
理性與感性

德國學院的學習環境、
風氣與態度

茲茲堡，我的第二故鄉

二〇一四年底，通過考試，取得德國大學交換生資格後，我開始選擇學校。德國的大學不講究排名，所以只好靠網路搜尋每間學校與城市的相關資料。美麗的城堡與街景最能吸引我的注意，其中Würzburg烏茲堡，又稱符茲堡或是維爾茲堡（我都暱稱它為茲茲堡），是德國有名景點「浪漫大道」的起點，照片裡看來陌生又浪漫爆表的風景，完全符合我對童話故事的想像；能夠在有城堡的城市生活，一定是公主吧（這可是我小時候的心願）。於是，我選擇了Julius-Maximilians-Universität Würzburg烏茲堡大學，做為我一年的交換學校。

茲茲堡老街上緩緩行駛的電車、整點敲鐘的教堂、廣場上成群的鴿子、舊美茵橋另一端的城堡，都讓人真切地感受到「浪漫大道的起點」是名符其實的稱呼。茲茲堡大學，是德國巴伐利亞邦歷史最悠久的大學，學校共有一百七十個系所，二萬多名學生，其中包含一千多名外籍生，校區遍布了整個城市，音樂系以及其他藝術相關學系還能在宮殿裡的教室上課，真是夢幻中的夢幻。

不過，浪漫之外，第一位諾貝爾獎物理學得主威廉·倫琴（Wilhelm Röntgen），就是在這所大學發現X光射線。我總想：在美麗的城市裡學習，除了觸動心底的感性情懷，是不是也能夠增加理性思考和學習的動力呢？

回到我身為小小交換生的生活吧！來德國讀書，首要當然是學習語言，身在異國，學會文法、熟背單字，遠遠不及靈活溝通來得重要。有時，文法的小錯誤只要不阻礙理解，倒也無傷大雅，但開不了口就寸步難行。我在語言中心修讀了初級二的法文和高級德文，雖然程度有所差別，但無論初級班或高級班，老師都很重視課堂上的互動，用外語討論一個議題所花的時間，甚至比講解文法的時間還多。

有一堂德文課，老師講述「移民」這個議題，各小組同學分享自己國家的移民文化。我向同學說明，臺灣是個移民社會，除了原住民，也有來自中國、日本的移民；更久以前，荷蘭人、西班牙人、葡萄牙人也因為商業利益，占領臺灣部分地區，小組同學都露出驚訝的表情，很難想像小小的臺灣，族群及血緣是那麼多元。西班牙同學問我：「那你有歐洲血統嗎？」哈，好問題，說不定我們真的有血緣關係呢。

所以每堂語言課幾乎都從「聊天」開始，從自己的假日生活講到彼此所學的專業，不但使語言進步，也能很快結交新朋友，這種看似閒聊的學習方式，讓我們在不知不覺中學會了很多艱澀的文法，這也是一年來我的德、法語都大有進步的原因，能夠用外語清楚表達自己的想法，真是一件很有成就感的事。

除了選擇語言課來加強德文，交換生也可以修習大學部課

我和小組同學

程，和當地德國學生一起上課。德國大學課程大多分成Vorlesung講座課、Seminar討論課與Übung練習課。講座課學生人數較多，上課方式以教授上台主講為主；討論課注重課堂中的討論，一定會有上台報告，需要投入比較多心力；練習課則多隸屬於講座課，通常由助教帶領小組同學討論。德國大學上課方式與臺灣很不同，每堂課幾乎少不了報告與期末考試（沒有期中考），考試多為申論題，除了要求學生熟記重點，寫下自己的想法也是很重要的；通常為一個議題，要求學生表達自己是否贊同並加以說明。這種課程並不算輕鬆，常聽德國朋友說，大學期間是很容易被當的，不是所有人都能順利畢業。

德國學生給我的印象，普遍都是很有自己的想法，就算不是自己主修的課程，也願意勇敢表達，錯了也沒關係。當然，上課玩手機、睡覺也大有人在（上課打混是不分國籍的現象）。大抵來說，無論大小堂課學生都會提出問題、給予回應；也許，學習的過程不僅是將知識記憶下來，轉化為自己的想法才更重要。

我在下學期就修了一門漢學系所開的討論課：「臺灣、香港、新加坡概論」，

烏茲堡火車站是每次旅行的起點

老師詳細地講述臺灣歷史，但比起介紹年代與人物，她花了更多時間討論歷史事件發生的原因，並請同學發表自己的看法。同學們的報告更是精彩，他們選擇了自己有興趣的主題做研究，像是臺灣的能源、臺灣政治、太陽花學運等等。選課之初，我本來打算利用這堂課，好好介紹臺灣，做點「國民外交」，沒想到，在課堂上了解德國人對臺灣的看法，反而給我更多不同面向來了解臺灣這塊土地，真是意外的收穫。

至於德國大學生的課後生活，雖然沒有像臺灣有那麼多元的社團，卻有很豐富的體育活動。茲茲堡大學的體育中心有兩棟，每天都提供不同的體育課程，球類運動、舞蹈、健身，甚至是太極拳、跆拳道，都可以在繳交一學期十五歐元的課程費用後，自由參加。我最常參加的是Zumba拉丁有氧，星期二傍晚七點鐘一到，室內籃球場便聚集了滿場的學生，這個班有一百多名學生，可見德國學生對於運動的熱衷，我第一位德國朋友就是在舞蹈課認識的。Zumba不同於有氧舞蹈，結合了各式各樣的舞風，簡單動感的動作，搭配流行舞曲，能夠同時感受跳舞樂趣，得到運動的效果。

心「德」筆記

1. 在德國留學、交換，除了學習德文，也很推薦學習其他外語，德國學校的外語課大多是小班制教學，透過用德文學外語，不但讓我兩個語言都能進步，還和班上的德國同學成為朋友。
2. 德國課堂中很常以上台報告（Referat）的方式評分，大部分的老師不喜歡學生照稿報告，所以比較需要花心思準備這個部分。

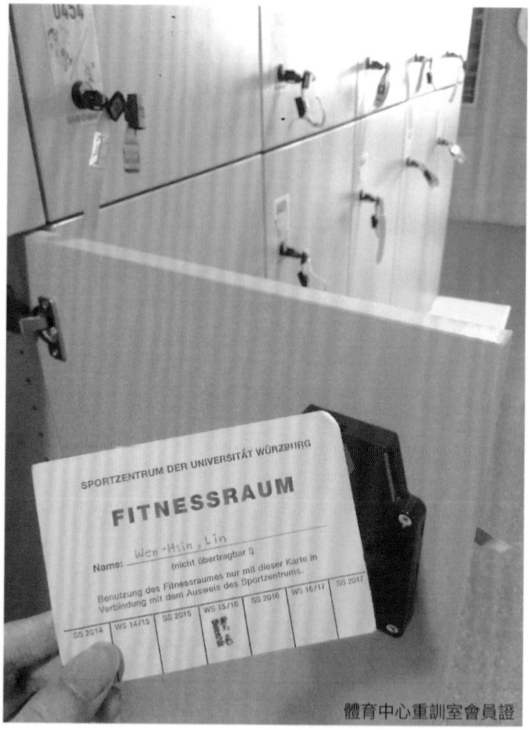

體育中心重訓室會員證

好多個下雪的晚上，我發抖著走進體育館，跳完舞後，卻是手拿著羽絨大衣，身輕體暖地回到宿舍，這是德國生活中新奇而深刻的體驗。

更多時候，下了課或有個悠閒到不知道要做什麼的下午，便信步走在通往城堡的舊美茵橋上，細數橋上十二位聖人雕像，看他們獨特又活潑的動作。而身旁的德國人，有的端著附近餐廳買來的美食正在橋上享用，有的拿著杯酒，坐在橋邊的石椅與好友談天，誰說德國人只懂務實守法？在我眼裡，這時的德國人也是浪漫的，我也是。一年前，我帶著不甚流利的德文，膽顫地來到德國，在有城堡的城市生活，在歷史悠久的大學學習，現在，我帶走了能夠吵架程度的德文，以及足以閒聊的法文，啊！「浪漫大道的起點」，你是如此啟發我理性又感性的靈魂。

德鐵驚魂記

同時感受驚嚇
與快樂的火車之旅

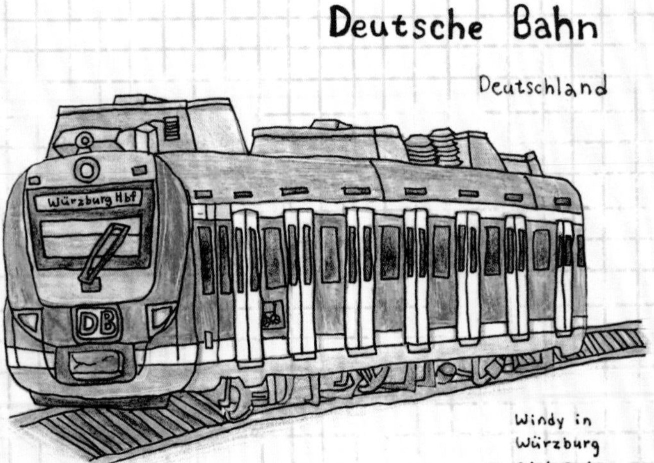

德國火車

場面一片混亂，一口英國腔的女子著急講著電話：「This is not Germany!」她誇張地強調著，為這趟德鐵驚魂記做了最佳註解。

有一次我去拜訪在其他城市交換的同學，一起去德國南部城市Konstanz康斯坦茲半日遊，這趟旅程我們使用德鐵的手機應用程式規劃搭車轉車方式，搭了一小時的區間車後，火車來到一個陌生小站，目的地的地標博登湖也消失在視線中了，我們向剛上車的先生詢問是否有抵達轉車地點，他搖搖頭說應該是反方向吧！他要去巴賽爾，原來德國也有個巴賽爾，不對！突然收到一封內容為歡迎來到瑞士簡訊，德國先生要去的就是瑞士的巴賽爾沒有錯，再三比對我們手機上的車次，發現車次是相同的，德鐵在我們不知不覺中更改了路線，我們因此莫名其妙出了國，德國先生看到我們驚訝的眼神笑了，「komisch! 可笑！」我無奈地對他說，就在一個瑞士小鎮下車了。

路過幾間商店，要不是有昂貴的物價與瑞士法郎的標示，實在無法相信這裡就是瑞士，沒有想過我會以這樣的方式再訪瑞士，整起意外荒唐到讓人感覺不是慌張而是好笑，隨後搭上一輛能夠返回德國的車，再轉搭一輛標榜會直達康斯坦茲的火車，沿途欣賞窗外風景覺得心情放鬆之時，突然聽見廣播，這輛火車不開了！由於鐵路故障的原因，下一站為本車次終點站，被丟到瑞士已經夠離奇了，現在又把我們丟到一個荒郊野外小車站，幸好德鐵還算有良心，加開接駁車直達康斯坦茲。

順利抵達康斯坦茲後，發現康斯坦茲車站空無一車，一律改由接駁車代替，在博登湖畔散步後，約莫六點，我們準備返家，到車站門口等車，當時已聚集一大群要搭接駁車的民眾，一開始所有人滿懷期待要回家，可是十分鐘、二十分鐘、四十分鐘過去了，車站前聚集越來越多人，卻不見接駁車的身影，有人等的不耐煩開始鬼吼鬼叫了，也有人打起電話跟親友抱怨，場面一片混亂，一口英國腔的女子著急講著電話：「This is not Germany!」她誇張地強調著，接著她甚至使用Catastrophe（大災難）來形容這個情況，不，她一點也不誇張，這一切已經完全顛覆我對德國的印象了，路過的車輛搖下車窗嘲笑等車的我們，腳踏車騎士與我們擊掌，對面來了一輛公車，一名旅客上前詢問，沒想到意外帶領一批民眾一起橫越馬路，場面非常滑稽，撲了空以後所有人一樣無視紅綠燈跑回車站

1 德鐵區間車
2 瑞士小鎮車站

門口，終於一小時過去，接駁車的出現引發了暴動，公車車門幸運地停在我面前，順利搭上車後發現外面更多的是搭不到車的民眾，大家都知道下一班車極有可能是一小時之後才會出現，奮力的想搭上車，拉扯了五分鐘都無法關閉車門，經過一番推拉後，接駁車踏著沉重的腳步出發了。

這大概是我在德國搭過最壅擠的交通工具，除了觀光景點外，德國很少有車位坐滿的情況，即使是搭火車也幾乎都不用買座位票，接駁車沿著彎曲的路線行駛，旁邊站著的乘客肚子也不停「打」到我的肩膀，即使遇到這麼多悲劇我還是感到很幸運，至少，有順利搭到車，途中經過幾個火車站周邊接駁站，但因為載客量已達到上限，接駁車只能無情的路過，車上的乘客更是幸災樂禍對著窗外無法搭上車的人招手，「Schicksal! 命運！」不知道哪裡蹦出來的一句感嘆，完全戳中了我的笑點，接著司機開始報站詢問有沒有人要下車，而有些乘客更是荒唐的許起願來了，像是大喊載我去柏林，車上乘客哄堂大笑，這趟德鐵驚魂記，多虧德式幽默，而變成旅行中意外的珍貴回憶。

當接駁車順利抵達提供轉車的火車站，全車乘客投以如雷的掌聲，接駁車司機臨時被派出來加班，又遇到如此多插曲，實在值得鼓勵，接駁車一停下車，人群瘋狂湧至各月台趕車去了。

於是，很久很久以後，當我回憶起康斯坦茲，首先想到的一定不是與天連成一線湛藍色的博登湖，而是這趟德鐵意外驚魂記，嚴肅、守時是大家對德國人的印象，時常誤點（這次甚至嚴重出包）的德鐵打破了我對德國的第一印象，然而在混亂中，我看見了所謂難以理解的德式幽默以及德國人的瘋狂，旅行中遇到意外無法避免，意外打壞了行程，卻是旅行中最難得的回憶，回想這段故事的同時，我沒有生氣或是懊悔，反而有一點點開心和一點點懷念。

心「德」筆記

好像說了許多德鐵的壞話，其實我是很喜歡搭德鐵的，火車比巴士還要寬敞舒適，沿途風景又很美，而最特別的事情是搭火車往往能夠感受到德國人情味，無論是一大早喝個爛醉在火車上唱歌的德國人，或者是用極不標準的中文對我說「窩哀尼」的可愛小孩，還有一對老夫妻聽到我說德文很開心的跟我從烏茲堡聊到法蘭克福，這些旅途中火車上的小故事，往往是我最難忘的經驗。

啤酒花麥芽法則

德國求學生存術

Hopfen
und
Malz

Windy in
Würzburg
26.9.2016

德國有一句俗諺：Da ist Hopfen und Malz verloren. 啤酒花跟麥芽都沒了，意思是「最好放棄吧」，若釀酒的啤酒花跟麥芽都沒了，結局就是失敗。在德國交換的一年，我的「啤酒花跟麥芽」，讓我逐漸泰然地在生活裡學習觀察，最終成功釀了一罈回憶的酒，以下這些生存術，我就姑且稱為我的「啤酒花麥芽法則」，希望對負笈德國的學子有一點小小助益。

法則一：隨身攜帶 Hallo, Danke, Tschüss!

禮貌對德國人來說非常重要，初抵宿舍，陌生人對我說「Hallo! 你好！」，我既尷尬又莫名其妙地點點頭微笑，後來，我才知道，在宿舍裡與陌生人相遇、商店裡與店員眼神相對說句 Hallo，是最基本的德式禮貌。入境隨俗，每天出門看到有人笑著跟你問好，心情也會蠻好的，這些陌生卻溫暖的招呼及微笑，就是我在德國一天的開始。

另外，danke 謝謝以及 Tschüss 再見也是德國人常掛在嘴邊的禮貌，逛街時，走進商店與店員說 Hallo，就算沒有購物，也記得要禮貌地說句 Tschüss 再離開。

法則二：交通工具使用說明

德國的準時守法是舉世聞名的，這點可以在公車上得到驗證（至少，就我所居住的城市而言）。烏茲堡的公車站牌都會貼上一張時刻表，對的，就是用貼的，簡單但一定可靠的白紙黑字，這種紙本時刻表，有時候比在臺灣看著公車動態 App，急忙衝出門搭車還值得信賴！

但火車就不一樣了，火車的誤點率非常高，抬頭看一下車站裡的火車到站告示，誤點的火車比不誤點的還多，少則五分鐘，多則有一小時啊！近年來德鐵誤點頗為頻繁，這些誤點的車中，又以區間車為多數，搭德國高鐵 ICE 誤點率比較低，你說改搭巴士就可以避免誤點了嗎？不可能，巴士的誤點則是幾十分鐘起跳的，所以後來我出門，都會把可能誤點的時間也算進去，提早出門比較保險。

法則三：每天收信（實體信箱）

德國人喜歡寄（實體的）信，這完全顛覆了我對德國高科技的印象，也許是民族性使然，德國人至今仍習慣用傳統的方法行事，像一開始去市政廳辦理註冊入籍，辦公室的員工收完我的資料後，告訴我要等「收到一封確認信」後，再來領我的卡片，「真正的信？不是寄到我的電子信箱嗎？」我懷疑的問，卻得到一句肯定的「對！記得去收信。」不只是公家機關，連銀行也是把銀行卡以及密碼分了兩次

宿舍的牆，貼滿了來自世界各地友人寄來的明信片

寄到我的（實體）信箱。在德國求學，忘記收電子信箱的信，沒關係，但千萬別忘了收你家樓下實體信箱的信！

法則四：CP值最高美食，來自土耳其

初抵德國，進餐廳用餐，受到價格及口味的雙重驚嚇，在德國餐廳裡，一份主餐大概都要三百至五百元臺幣，口味偏鹹，我也吃不太習慣，嘗試土耳其小吃Döner沙威瑪，簡直發現了美食新大陸。坦白說一開始是被它親切的價格吸引，土耳其店員站在小小的店面裡，熟練地從旋轉肉串刮下肉片鋪在烤餅上，再大方地加上各式生菜，詢問我口味喜好後，淋上醬料，我從他手中接下了比臉還大的烤餅，嗯！怎麼可以這麼好吃！便宜、料多實在、有菜有肉、方便帶著走、口味佳，集眾優點於一身，大概是

德國CP值最高的美食了，離開德國後，Döner也變成了我想念的德國滋味之一。

法則五：每天十分鐘，開窗戶啦！

和房東拿宿舍鑰匙時，他向我說明宿舍的各種規定和維護方法，其中一點尤其重要：每天都要開窗戶，起初我因為天氣冷不想開窗，但冬天到了，室內很潮濕，想起房東的叮嚀，再冷，也要開窗戶通風一下，把暖氣關掉，窗戶全開至少十分鐘，就可以換一整天的清新空氣。

法則六：像螞蟻一樣辛勤儲糧

德國商店營業時間較短，超市也只開到晚上八點，星期天，商店皆不營業，德國保障員工休息的權利：準時下班回家休息。起初我也覺得不太習慣，臺灣處處都有二十四小時營業的商店，半夜都可以隨時吃到熱騰騰的美食，但少了一點方便，就用多一點勤勞來克服，課後及週末到超市採買，像螞蟻一樣辛勤儲糧，就變成我在德國的習慣。

法則七：保持一顆熱愛慶祝的心

德國的假期很多，寒假與暑假都很長（就一般公立大學而言），十二月有聖誕節長假、三月有復活節假、五月也有一系列與基督宗教有關的假期，各邦放假日期略有不同，但在德國求學，可以肯定的是：要做好隨時迎接假期的準備！

從各種名目的假期來看，可見德國人對於特殊節日的重視，節慶及慶祝氣氛是很重要的德國文化，聖誕節前各城市都有特色聖誕市集、復活節期間各商店販售兔子及蛋（象徵新生）有關的商品、地方傳統節日亦有市集或遊樂園，德國

1 窗戶外的雪景

2 記得儲糧就能隨時料理

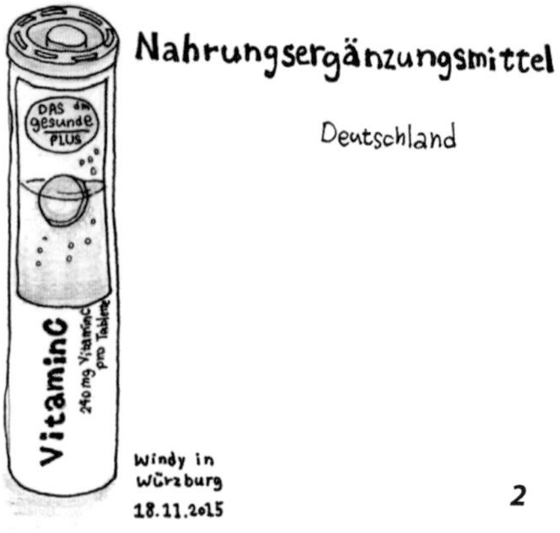

人平時生活嚴謹，然而在這些特殊的時刻，他們也會瘋狂慶祝、狂歡，想融入德國生活，就要保時一顆熱愛慶祝的心。

法則八：自己的健康自己管

在德國看病，都要事先預約，有時候還會約到一個星期後（你的病都好了吧），而德國藥局及藥妝店分布普遍，販售各式各樣的保健食品及藥品，以及標榜各式療效的茶包（感冒茶、舒眠茶等），非重大疾病，德國人通常會在家裡自我療養，我也在宿舍備了各種保健食品（有一種像巫婆的樂趣），感冒時則喝標榜天然草藥的感冒茶，考試前就喝舒壓茶，還真的有效，在臺灣看病雖然方便，不過在德國求學，必須學會自己管理自己健康的方法。

法則九：「有料」的電視

德國的電視絕對「有料」，除了內容有料，也是日文須付費的意思。你沒看錯，在德國，每個月每戶必須繳一筆約臺幣六百多元的電視廣播費，如果你住的是單人套房，那就要獨自負擔這筆費用，就算家裡沒有電視或收音機，還是要繳交

1 聖誕市集
2 維他命發泡錠

搭乘小火車去野餐

這筆費用，許多人覺得這樣強制收費很不合理，也有幾次為了這個費用上街抗議，不過這筆費用提供電視台資金，製造出不受廣告和政治利益影響，立場中立、公正客觀的節目，應該還是有其存在的意義。

法則十：到處「匹克尼克」

胡適有首詩，名為「匹克尼克來江邊」，匹克尼克是野餐（picnic）的英文音譯，場景換到德國，就變成「到處匹克尼克」了！德國人喜愛在戶外用餐，在橋上與雕像及三五好友對飲、在河邊鋪起野餐墊享用美食、在花園音樂會手拿Brezel鹹扭結麵包欣賞音樂，與大自然相處，是德國生活裡的樂趣，天氣好的時候，餐廳會在門口擺起露天座位，幾乎沒有人會選在室內用餐。

法則十一：大學，真的很大

「我們就約六點鐘在校門口見！」德國大學生絕不會說這種話，因為德國公立綜合大學幾乎都是沒有校門，大學裡各個建築也是分散的。規模較小的城市，若有一所綜合大學，很容易就被稱為大學城，路邊咖啡廳的樓上、城堡側邊的房間，都可能是這一所學校的一部分，選課時，一定要特別注意上課的教室，兩棟建築物相差半小時的公車距離並不少見，沒有校門和邊界的大學，就是自由學風最好的象徵了，德國大學，真的很大。

「Prost! 乾杯！」在期末考結束後，我與朋友們對眼（特別強調：一定要對到眼）乾杯，一起喝下啤酒慶祝假期的開始，也為我們的德國留學生活，畫下一個句點，有了這些「啤酒花與麥芽」，在德國生活就如同一飲而盡的德國啤酒一樣暢快和順心。

國家圖書館出版品預行編目資料

心「德」筆記 : 旅德必攜祕笈 / 林文心作. -- 初版.
-- 臺北市 : 華成圖書, 2018.02
面 ;　公分. --（自主行系列 ; B6199）
ISBN 978-986-192-316-1(平裝)
1. 自助旅行 2. 德國

743.9　　106023914

自主行系列　B6199

心德筆記 旅德必攜祕笈

作　　者／林文心

出版發行／華杏出版機構
華成圖書出版股份有限公司
www.far-reaching.com.tw
11493台北市內湖區洲子街72號5樓（愛丁堡科技中心）
户　　名　華成圖書出版股份有限公司
郵政劃撥　19590886
e-mail　huacheng@email.farseeing.com.tw
電　　話　02-27975050
傳　　真　02-87972007
華杏網址　www.farseeing.com.tw
e-mail　adm@email.farseeing.com.tw
華成創辦人　郭麗群
發 行 人　蕭聿雯
總 經 理　蕭紹宏

主　　編　王國華
責任編輯　楊心怡
美術設計　陳秋霞・張瑞玲
印務主任　何麗英
法律顧問　蕭雄淋・陳淑貞

定　　價／以封底定價為準
出版印刷／2018年2月初版1刷

總 經 銷／知己圖書股份有限公司
台中市工業區30路1號　電話　04-23595819　傳真　04-23597123